Monólogos
de la vagina

MONÓLOGOS DE LA VAGINA

Eve Ensler

Traducción de Mercè Diago y Sonia Tapia

Papel certificado por el Forest Stewardship Council®

MIXTO
Papel procedente de
fuentes responsables
FSC
www.fsc.org
FSC® C117695

Penguin
Random House
Grupo Editorial

Título original: *The Vagina Monologues*

Primera edición: febrero de 2018
Cuarta reimpresión: julio de 2022

Publicado por acuerdo con Ballantine Books, un sello de Random House,
una división de Penguin Random House LLC
© 1998, 2008, 2018, Eve Ensler
© 2018, Jacqueline Woodson, por el prólogo
© 2018, V-Day, por el epílogo y «Say It, Stage It: V-Day at Twenty»
© 2018, Penguin Random House Grupo Editorial, S. A. U.
Travessera de Gràcia, 47-49. 08021 Barcelona
© 2018, Mercè Diago y Sonia Tapia, por la traducción

Printed in Spain – Impreso en España

ISBN: 978-84-666-6274-1
Depósito legal: B-26.476-2017

Compuesto en Infillibres S. L.

Impreso en Prodigitalk, S. L.

BS 6 2 7 4 B

Para todas las mujeres que importan y gimen

PRÓLOGO

Jacqueline Woodson

Era tan necesario entonces este libro.

Es tan necesario ahora mismo este libro.

Existe un espiritual que dice: «Hay un bálsamo en Galaad que sana a los heridos. Hay un bálsamo en Galaad que cura las almas enfermas de pecado.» Para muchas de nosotras, que alcanzamos la mayoría de edad en los años cincuenta, sesenta, setenta y ochenta, no hubo ningún bálsamo. Andábamos por el mundo dentro de nuestros cuerpos, con sensación de vergüenza sencillamente por haber nacido con vagina y senos, caderas y muslos. No conocíamos la extensión de esa vergüenza: dónde había comenzado, en virtud de qué habíamos llegado a conocerla. Al fin y al cabo, ¿acaso el movimiento feminista no había cambiado el mundo para las mujeres? ¿No habíamos reclamado nuestros cuerpos, nuestro ser, para luego pasar página?

Tal vez, pero...

La primera vez que leí *Monólogos de la vagina*, estaba en la treintena, era una madre novata con una hija pequeña. Los monólogos sobre el papel, como había sucedido años antes sobre el escenario, me hicieron reír, llorar, bailar de alegría. Pero esta vez había algo más: me hicieron pensar en mi propio pasado y en el futuro de mi hija. Al leer los monólogos me di cuenta de que lo que había faltado en muchas de nuestras vidas era la conversación y la celebración: celebrar las vaginas y los periodos, los pechos, los culos, los muslos sin vergüenza alguna. Sabía que esa conversación y esa celebración iban a formar parte de la vida de mi hija, y de las vidas de muchas jóvenes de cuya educación yo formaría parte.

«Hay un bálsamo en Galaad que sana a los heridos.»

La primera vez que tuve la regla, deseé que desapareciera —y lo conseguí durante un año más—. De pequeña solo la conocía como «la maldición» y verdaderamente parecía una maldición tener que lidiar de pronto con mis sangrados, mi cuerpo y los cambios que este sufría y que tan visibles resultaban para el mundo. Una generación más tarde, la primera vez que mi hija tuvo la regla, gritó: «¡Llama a las tías! ¡Esto hay que celebrarlo!»

¡Mantengamos vivas esta conversación y esta celebración!

INTRODUCCIÓN A LA EDICIÓN
DEL VIGÉSIMO ANIVERSARIO

Eve Ensler

La primera vez que representé *Monólogos de la vagina*, estaba segura de que me iban a pegar un tiro. Puede que cueste creerlo, pero en aquel momento, hace veinte años, nadie pronunciaba la palabra «vagina». Ni en los colegios, ni en la televisión... ni siquiera en el ginecólogo. Cuando las madres bañaban a sus hijas, se referían a sus vaginas como «cositas» o «rajitas» o «ahí abajo». De manera que cuando me planté en el escenario de un diminuto teatro en el centro de Manhattan para recitar los monólogos que había escrito sobre vaginas

—después de entrevistar a más de doscientas mujeres—, me parecía estar atravesando una barrera invisible e infringiendo un tabú muy profundo.

Pero no me pegaron un tiro. Al final de cada función de *Monólogos de la vagina*, se formaban largas colas de mujeres que querían hablar conmigo. Al principio pensé que querrían contarme historias de deseo y satisfacción sexual, puesto que ese era el foco de una gran parte del espectáculo. Pero lo cierto es que aguardaban para contarme ansiosamente cómo y cuándo las habían violado o asaltado o pegado o acosado. Me impresionó enormemente ver que, una vez roto el tabú, se había liberado un torrente de recuerdos, rabia y dolor.

Y entonces tuvo lugar algo que jamás habría esperado. El espectáculo fue retomado por mujeres del mundo entero que querían romper el silencio en sus propias comunidades sobre sus cuerpos y sus vidas.

Recuerdo número uno. Oklahoma City, el mismísimo corazón del núcleo republicano. Un local pequeñísimo. La segunda noche, se ha corrido la voz sobre la obra, ha acudido demasiada gente y faltan asientos, de manera que el público se trae sus propias sillas. Yo estoy actuando bajo lo que viene a ser básicamente una bombilla pelada. En mitad de un monólogo, se produce un alboroto entre la audiencia. Una joven se ha desmayado. Interrumpo el *show*. El público se ocupa de la mujer, la abanican, le llevan agua. Ella se levanta y declara que el espectáculo le ha dado valor para decir, por primera vez: «Mi padrastro me violó.» La gente la abraza mientras ella llora. Luego, a petición suya, prosigo con la función.

Recuerdo número dos. Islamabad, Pakistán. La obra ha sido prohibida, de manera que asisto a una producción clandestina de *Monólogos de la vagina*, donde valientes actrices pakistaníes representan el texto en secreto. Entre el público hay mujeres que han venido incluso desde el Afganistán de los talibanes. A los hombres no se les permite sentarse en el patio de butacas, de manera que se quedan en la parte trasera, detrás de una cortina blanca. Durante la representación, las mujeres lloran y se ríen con tantas ganas que hasta se les caen los velos.

Recuerdo número tres. Mostar, Bosnia. La función es para conmemorar la restauración del puente de Mostar, que fue destruido durante la guerra. La audiencia se compone tanto de croatas como de bosnios, que tan recientemente han estado masacrándose unos a otros, y en el ambiente se palpa la tensión y la desconfianza. Unas mujeres leen un monólogo sobre la violación de mujeres en Bosnia. La audiencia solloza, gime, grita. Las actrices se interrumpen. Las personas del público se consuelan unas a otras, se abrazan, lloran juntas: croatas abrazando a bosnios y viceversa. La obra se reanuda.

Recuerdo número cuatro. Lansing, Michigan. La legislatura de estado ha silenciado y amonestado a Lisa Brown, una representante estatal, por utilizar la palabra «vagina» al protestar contra una proposición de ley para restringir el aborto. Le dicen que no está permitido usar esa palabra. Dos días más tarde cojo un avión a Lansing y me uno a Lisa y otras diez congresistas en los escalones del Congreso para una representación de emergencia de *Monólogos de la vagina*. Asisten cerca de cinco mil mujeres, que exigen que las partes de nuestro cuerpo sean nombradas y reconocidas en nuestras propias instituciones democráticas. Se ha roto el tabú. Podemos hablar, somos visibles.

Poco después del estreno de la obra, un grupo de feministas fundamos un movimiento llamado V-Day para apoyar a todas las mujeres (cisgénero, transgénero, de género no binario, y de toda raza y color) que estaban librando estas batallas por todo el mundo. Desde entonces, las activistas del V-Day, a través de sus producciones de los monólogos, han reunido más de cien millones de dólares en ayuda a centros y refugios para supervivientes de violaciones y violencia de género, para financiar teléfonos de asistencia, para enfrentarse a la cultura de la violación.

Y ahora, veinte años más tarde, no hay nada que desee más que poder decir que las feministas antirracistas radicales han ganado. Pero el patriarcado, junto con la supremacía blanca, es un virus recurrente. Vive latente en el cuerpo político y se activa por condiciones tóxicas predatorias. Desde luego en Estados Unidos, con un depredador en jefe abiertamente racista y misógino, nos encontramos en pleno brote descomunal. Nuestro trabajo, hasta que se encuentre la cura, es crear condiciones hiperresistentes que fortalezcan nuestra inmunidad y nuestro coraje e imposibiliten nuevos brotes. Y esto comienza allí donde empiezan *Monólogos de la vagina* y tantos otros actos de resistencia radical feminista: hablando en voz alta. Diciendo lo que vemos. Negándonos a ser silenciadas.

Han intentado evitar que pronunciáramos siquiera el nombre de algunas de las partes más preciosas de nuestro cuerpo. Pero si algo he aprendido es que aquello que no se nombra no se ve, no existe. Ahora más que nunca es el momento de contar las historias cruciales y pronunciar las palabras, ya sean «vagina», «mi padrastro me violó» o «el presidente es un depredador y un racista».

Cuando se rompe el silencio, te das cuenta de cuánta gente esperaba el permiso para hacerlo. Nosotras, las mujeres de toda clase y condición, todas y cada una de nosotras y nuestras vaginas, no volveremos a ser silenciadas.

PREFACIO

«Vagina.» Ya está, ya lo he dicho. «Vagina.» Lo he dicho otra vez. Llevo repitiendo esta palabra una y otra vez los últimos tres años. La he pronunciado en teatros, universidades, salones, bares, cenas con amigos o programas de radio por todo el país. La estaría pronunciando en televisión si me dejaran. La digo ciento veintiocho veces todas las noches que represento mi espectáculo, *Monólogos de la vagina*, que está basado en entrevistas a un variopinto grupo de más de doscientas mujeres que hablan sobre sus vaginas. La pronuncio en sueños. La digo porque se supone que no debo decirla. La digo porque es una palabra invisible, una palabra que provoca ansiedad, incomodidad, desprecio y asco.

La digo porque creo que aquello que no nombramos no lo vemos, no lo reconocemos, no lo recordamos. Lo que no decimos se convierte en un secreto, y los secretos provocan a menudo vergüenza, miedo y mitos. La digo porque quiero, algún día, sentirme cómoda diciéndola, y no avergonzada y culpable.

La digo porque no se nos ha ocurrido una palabra que sea más inclusiva, que realmente describa toda la zona y sus partes. Probablemente «coño» sea una palabra mejor, pero tiene demasiadas connotaciones. Y, además, no creo que la mayoría tengamos una idea muy clara de lo que hablamos cuando decimos «coño». «Vulva» es una gran palabra, es más específica, pero tampoco creo que sepamos muy bien qué incluye la vulva.

Digo «vagina» porque cuando empecé a decirlo descubrí lo fragmentada que estaba, lo desconectado que se encontraba mi cuerpo de mi mente. Mi vagina era una cosa que estaba por ahí, a lo lejos. Rara vez vivía dentro de ella o la visitaba siquiera. Estaba ocupada trabajando, escribiendo, siendo madre, siendo amiga. No veía mi vagina como mi recurso primario, un lugar de sustento, humor y creatividad. Era más bien algo peligroso, aterrador. Cuando era pequeña me violaron, y aunque crecí e hice todas las cosas que una adulta hace con su vagina, jamás había vuelto a entrar verdaderamente en esa parte de mi cuerpo después de la violación. En esencia había vivido casi toda mi vida sin mi motor, sin mi centro, sin mi segundo corazón.

Digo «vagina» porque quiero que la gente reaccione, y así ha sido. Han intentado censurar la palabra allá donde han ido *Monólogos de la vagina*, y en todas las formas de comunicación: en los anuncios de la prensa mayoritaria, en las entradas vendidas en grandes almacenes, en los carteles de las fachadas de los teatros, en los servicios de venta telefónica donde la voz solo dice «Monólogos» o «Monólogos de V».

—¿Por qué pasa esto? —pregunto—. «Vagina» no es una palabra pornográfica. Es, de hecho, un término médico, un vocablo para una parte del cuerpo, como «codo», «mano» o «costilla».

—Puede que no sea pornográfica —dice la gente—, pero es sucia. ¿Y si la oyeran nuestras hijitas? ¿Qué íbamos a decirles?

—Tal vez podrían decirles que tienen una vagina —contesto yo—. Si es que no lo saben ya. Quizá podrían celebrarlo.

—Pero es que nosotros no llamamos «vagina» a sus vaginas —dicen.

—¿Y cómo las llaman?

Y me contestan: «cosita», «chochete», «rajita», «conejito»... y la lista no se acaba nunca.

Yo digo «vagina» porque he leído las estadísticas, y en todas partes las vaginas de las mujeres están sufriendo atrocidades: cada año violan a 500.000 mujeres en Estados Unidos; 100 millones de mujeres han sido sometidas a la mutilación genital en todo el mundo. Y la lista no se acaba nunca. Digo «vagina» porque quiero que se ponga fin a todos esos horrores. Sé que no cesarán hasta que reconozcamos que están sucediendo, y la única manera de hacer eso posible es permitir que las mujeres hablen sin miedo al castigo o a las represalias.

Da miedo decir la palabra. «Vagina.» Al principio parece que te estrelles contra un muro invisible. «Vagina.» Te sientes incorrecta, culpable, como si alguien fuera a asestarte un golpe. Luego, después de pronunciar la palabra por centésima o por milésima vez, se te ocurre pensar que es tu palabra, tu cuerpo, tu punto más esencial. De pronto, te das cuenta de que la vergüenza y el apuro que sentías previamente al decir «vagina» ha sido un modo de silenciar tu deseo, de mermar tu ambición.

Entonces empiezas a pronunciar la palabra cada vez más. La dices con una especie de pasión, una especie de apremio, porque intuyes que si dejas de decirla, el miedo volverá a apoderarse de ti y caerás de nuevo en un avergonzado susurro. De manera que la dices cada vez que puedes, la sacas en cada conversación.

Te ilusiona tu vagina; quieres estudiarla y explorarla y presentarte a ella, quieres averiguar cómo escucharla, quieres darle placer y mantenerla sana, sabia y fuerte. Aprendes a satisfacerte y a enseñar a tu amante a satisfacerte.

Eres consciente de tu vagina todo el día, estés donde estés: en el coche, en el supermercado, en el gimnasio, en la oficina. Eres consciente de esta parte de ti, preciosa, hermosísima, portadora de vida, que tienes entre las piernas. Y te hace sonreír. Te enorgullece.

Y a medida que más mujeres pronuncian la palabra, va resultando menos difícil decirla; empieza a formar parte de nuestro lenguaje, parte de nuestras vidas. Nuestras vaginas se integran, se convierten en algo respetado y sagrado. Se convierten en parte de nuestros cuerpos, se conectan con nuestras mentes, dan fuelle a nuestras almas. Y la vergüenza desaparece y las violaciones cesan, porque las vaginas son visibles y reales, y están conectadas a mujeres poderosas y sabias que hablan de vaginas.

Tenemos un larguísimo viaje por delante.

Esto es el principio. Este es un espacio en el que pensar en nuestras vaginas, aprender sobre las vaginas de otras mujeres, oír historias y entrevistas, plantear y responder preguntas. Un lugar para abandonar los mitos, la vergüenza y el miedo. Un lugar para practicar el uso de la palabra, porque, como ya sabemos, la palabra es lo que nos impulsa y nos hace libres. «VAGINA.»

MONÓLOGOS DE LA VAGINA

Seguro que estáis preocupadas. Yo estaba preocupada. Por eso empecé a escribir esto. Me preocupaban las vaginas. Me preocupaba lo que pensamos sobre las vaginas, y me preocupaba todavía más que no pensáramos en ellas. Me preocupaba mi propia vagina. Necesitaba un contexto de otras vaginas: una comunidad, una cultura de vaginas. Las vaginas están inmersas en demasiada oscuridad y secretismo, como el Triángulo de las Bermudas. De allí no vuelve nadie para contarlo.

En primer lugar, ni siquiera es tan fácil encontrar

tu vagina. Las mujeres se pasan semanas, meses, a veces años sin mirarla. En una ocasión entrevisté a una alta ejecutiva que me dijo que estaba demasiado ocupada, que no tenía tiempo. Mirarte la vagina, me dijo, es labor de todo un día. Tienes que tumbarte ahí boca arriba delante de un espejo que se sostenga solo, preferiblemente de cuerpo entero. Tienes que ponerte en la posición perfecta, con la luz perfecta, que entonces queda ensombrecida por el espejo y el ángulo en el que te encuentras. Acabas hecha un ocho, con la cabeza alzada, haciéndote polvo la espalda. A esas alturas estás agotada. Decía que no tenía tiempo para eso. Que estaba muy ocupada.

Así que decidí hablar con mujeres sobre sus vaginas, hacer entrevistas sobre vaginas, que se convirtieron en monólogos de la vagina. Hablé con más de doscientas mujeres. Hablé con mujeres mayores, jóvenes, casadas y solteras, lesbianas, profesoras de universidad, actrices, ejecutivas, prostitutas, mujeres afroamericanas, hispanas, asiático-americanas, nativas americanas, caucásicas, judías... Al principio no estaban muy dispuestas a hablar, se sentían un poco cohibidas. Pero una vez que se soltaban, no había forma de pararlas. En el fondo a las mujeres les encanta hablar de sus vaginas. Les hace mucha ilusión, sobre todo porque nunca les preguntan sobre el tema.

Empecemos con la palabra «vagina». Suena a infección, en el mejor de los casos, tal vez a instrumento médico: «Deprisa, enfermera, alcánceme la vagina.» Vagina. Vagina. Por muchas veces que lo digas, nunca parece una palabra que apetezca pronunciar. Es una palabra totalmente ridícula, absolutamente antierótica. Si la empleas en la cama, queriendo ser políticamente correcta —«Mi vida, ¿podrías acariciarme la vagina?»—, se acaba la fiesta en ese mismo instante.

Me preocupan las vaginas, cómo las llamamos y cómo no las llamamos.

En Great Neck la llaman «conejo». Una mujer de allí me contó que su madre le decía: «No te pongas bragas debajo del pijama, cariño, que se tiene que airear el conejito.» En Galicia la llaman «peseta»; en Cataluña, «figa». Están el «pepe», la «pepa», la «pepitilla», el «chumino», el «tomate», la «chirla», el «potorro», el «higo», el «chichi», el «chocho», el «chirri», el «toto», el «felpudo», el «mejillón», el «fandango», la «almeja», la «raja», el «bollo», la «crica», la «hucha», la «empanada», el «agujero», el «merenguito», la «ranilla», la «flor», la «pucha», la «argolla», el «pipi», el «sapo», la «cuca». En México, la «panocha»; en Argentina, la «palomita»; en Venezuela, la «chiripa». Me preocupan las vaginas.

VELLO

No te puede gustar una vagina a menos que te guste el vello. A mucha gente no le gusta el vello. Mi primer y único marido odiaba el vello. Decía que era una maraña asquerosa. Me obligó a afeitarme la vagina. Se veía hinchada y expuesta, como la de una niña pequeña. Eso le excitaba. Cuando hacíamos el amor, notaba la vagina como supongo que se nota una barba. Daba gusto frotarla y a la vez dolía. Como rascarse una picadura de mosquito. Era como si estuviera ardiendo. Me salieron granitos rojos irritadísimos. Me negué a volvérmela a afeitar. Entonces mi marido tuvo una aventura. Cuando fuimos a terapia de pareja, dijo que se acostaba con otras porque yo me negaba a complacerlo sexualmente. Que no quería depilarme la vagina. La terapeuta tenía un marcado acento alemán y suspiraba entre frase y frase para mostrar su empatía. Me preguntó la razón de que no quisiera complacer a mi marido. Contesté que me sentía rara. Me sentía pequeña cuando no tenía vello ahí abajo y no podía evitar hablar con voz de bebé, y que la piel se me irritaba y no se me calmaba con ninguna crema. Ella me dijo que el matrimonio era un compromiso. Yo pregunté si al afeitarme la vagina evitaría que mi marido anduviera follando por ahí. Le pregunté si había tenido muchos casos como el nuestro. Ella replicó que las preguntas diluían el proceso, que tenía que lanzarme, que estaba segura de que sería un buen principio.

Esta vez, al llegar a casa, dejé que mi marido me depilara la vagina. Era como un premio por la terapia. Me cortó unas cuantas veces, y la bañera se manchó un poco de sangre. Pero ni siquiera lo notó, de lo contento que estaba afeitándome. Luego, más tarde, cuando se apretaba contra mí, su aspereza puntiaguda me pinchaba en la vagina, desnuda e hinchada. No tenía protección, no tenía mi mullido cojín.

Me di cuenta de que el vello está ahí por una razón: son las hojas en torno a la flor, el césped alrededor de la casa. Hay que amar el vello para amar la vagina. No se pueden elegir solo las partes que quieres. Y, además, mi marido nunca dejó de follar con otras.

«Si tu vagina se vistiera, ¿qué se pondría?»

Una boina.

Una chaqueta de cuero.

Medias de seda.

Un visón.

Una boa rosa.

Un esmoquin.

Vaqueros.

Algo ajustado.

Esmeraldas.

Un traje de noche.

Lentejuelas.

Solo Armani.

Un tutú.

Bragas negras transparentes.

Un vestido de gala de tafetán.

Algo lavable a máquina.

Un antifaz.

Un pijama de terciopelo morado.

Angora.

Un lazo rojo.

Armiño y perlas.

Un sombrero grande lleno de flores.

Un gorro de leopardo.

Un kimono de seda.

Gafas.

Un chándal.

Un tatuaje.

Un dispositivo de descargas eléctricas para
    mantener alejados a los indeseables.

Tacones.

Encaje y botas de soldado.

Plumas moradas y conchas y ramitas.

Algodón.
Un delantal.
Un bikini.
Un impermeable.

«Si tu vagina hablara, ¿qué diría, en dos palabras?»

Más despacio.

¿Eres tú?

Dame de comer.

Yo quiero.

Ñam, ñam.

Oh, sí.

Empieza otra vez.

No, más allá.

Lámeme.

No te vayas.

Qué valiente.

Piénsalo bien.

Más, por favor.

Abrázame.

Vamos a jugar.

No pares.

Más, más.

¿Te acuerdas de mí?

Entra.

Todavía no.

¡Madre mía!

Sí, sí.

Dame rollo.

Entra bajo tu propia responsabilidad.

Oh, Dios.

Gracias a Dios.

Estoy aquí.

Vamos.

Vamos.

Encuéntrame.

Gracias.

Bonjour.

Demasiado fuerte.

No te rindas.

¿Y Brian?

Así mejor.

Sí, ahí. Ahí.

LA INUNDACIÓN

[Mujer judía, acento de Queens]

¿Ahí abajo? Yo no he estado ahí abajo desde 1953.
No, no tuvo nada que ver con Eisenhower. No, no,
lo de ahí abajo es un sótano húmedo y frío. Nadie
querría bajar ahí, créeme. Es sofocante, dan ganas de
vomitar. Es nauseabundo. Con esa peste a moho y
humedad y de todo... ¡Uf! Menudo pestazo. Se te
pega a la ropa.

Qué va, ahí abajo no hubo ningún accidente. No
explotó ni se incendió ni nada. No fue tan dramático.
Vaya que... bueno, da igual. No. Da igual. No puedo
hablar de eso. Y, además, ¿qué hace una chica lista

como tú por ahí hablando con las ancianas de sus partes? En mis tiempos no hacíamos esas cosas. ¿Qué? Qué pesada, bueno, vale.

Había un chico, Andy Leftkov. Era muy mono... bueno, a mí me lo parecía. Y alto, como yo, y me gustaba de verdad. Me invitó a salir con él en su coche...

Mira, no te lo puedo contar. No puedo. No puedo hablar de ahí abajo. Solo se sabe que está ahí. Como el sótano. A veces resuenan ruidos ahí abajo. Se oyen las tuberías y hay cosas que se quedan ahí atrapadas, animalillos y cosas, y se moja todo y a veces tiene que venir alguien a tapar las goteras. Por lo demás, la puerta se queda cerrada. Se te olvida que está. Vaya, que es parte de la casa, pero ni la ves ni te acuerdas de ella. Tiene que estar ahí, claro, porque todas las casas necesitan un sótano. Si no, el dormitorio estaría bajo tierra.

Ah, sí, Andy. Andy Leftkov. Vale. Andy era muy guapo. Era una perita en dulce, como decíamos en mis tiempos. Estábamos en su coche, un Chevy BelAir blanco nuevo. Recuerdo que pensé que tenía las piernas demasiado largas para el asiento. Tengo las piernas muy largas y me chocaban contra el salpicadero. Total, que estaba yo ahí mirando mis rodillas grandes cuando él me besó de pronto, así en plan «te tomo por asalto como hacen en las películas». Y a mí me excitó, me excitó muchísimo, y, en fin... que ahí abajo se produjo una inundación. No podía controlarla. Era como la fuerza de la pasión, como un río de vida que salía de mí a raudales. Me caló las bragas y mojó el asiento de su Chevy BelAir blanco nuevo. No era pis pero sí olía... Bueno, la verdad es que yo no olí nada de nada, pero él dijo, Andy dijo que olía a leche agria y que le estaba manchando el asiento del coche. Que yo era «un bicho raro apestoso». Yo quería explicarle que su beso me había pillado desprevenida, que normalmente yo no era así. Intenté secar la inundación con mi vestido. Era un vestido nuevo, amarillo pálido, y se puso feísimo con las manchas de aquella marea. Andy me llevó a mi casa sin decir ni una sola palabra. Y cuando salí y cerré la portezuela del coche, cerré también el chiringuito. Bajo siete llaves. Y no volví a abrirlo nunca más. Después de aquello salí con algunos chicos, pero la idea de sufrir otra inundación me ponía demasiado nerviosa. No volví a acercarme ahí ni por asomo.

Tenía unos sueños muy delirantes. Uy, son una bobada. ¿Que por qué? Burt Reynolds. No sé por qué. En la vida real no es que me llamara mucho la atención, pero en mis sueños... siempre estábamos Burt y yo. Burt y yo. Burt y yo. A lo mejor salíamos. Burt y yo. Estábamos en un restaurante como esos de Atlantic City, un sitio enorme con lámparas de araña y cosas así y miles de camareros con sus chalecos. Y Burt me regalaba una orquídea y yo me la prendía en la chaqueta. Y nos reíamos. Siempre nos estábamos riendo, Burt y yo. Tomábamos cóctel de gambas. Unas gambas enormes, fabulosas. Y nos reíamos más. Éramos muy felices juntos. Y entonces él me miraba a los ojos y me atraía hacia sí en mitad del restaurante... Y justo cuando estaba a punto de besarme, la habitación empezaba a temblar, unas palomas salían de debajo de nuestra mesa —que no sé qué harían ahí esas palomas—, y la inundación salía a chorros de ahí abajo. Y venga chorros y chorros. Y dentro había peces y barquitas y se inundaba todo el restaurante. Y Burt estaba metido hasta las rodillas en mi inundación, y se le veía terriblemente decepcionado de que lo hubiera hecho otra vez, estaba horrorizado. Y sus amigos, Dean Martin y gente así, pasaban de largo nadando con sus esmóquines y sus trajes de gala.

Ya no sueño esas cosas. No desde que me quitaron prácticamente todo lo relacionado con lo de ahí abajo. Me extirparon el útero, los tubos, toda la pesca. El médico se hizo el gracioso. Me dijo que si una no lo usa, lo pierde. Pero resulta que era un cáncer. Que tenían que sacarme todo lo que había alrededor. De todas formas, ¿a quién le hace falta, verdad? Está muy sobrevalorado. He hecho otras cosas. Me encantan las exposiciones caninas. Vendo antigüedades.

¿Que qué se pondría? Hija, menuda pregunta. ¿Qué se pondría? Pues se pondría un buen cartelón: «Cerrado por inundación.»

¿Que qué diría? Ya te lo he explicado. Que no es eso. Que no es como una persona que habla. Dejó de ser una cosa que habla hace mucho tiempo. Es un sitio. Un sitio al que no hay que ir. Está cerrado, debajo de la casa. Está ahí abajo. ¿Contenta? Me has hecho hablar, me lo has sonsacado. Has conseguido que una señora mayor hable de sus partes. ¿Estás sa-

tisfecha? [Se da media vuelta para marcharse; se vuelve de nuevo.]

¿Sabes? En realidad, eres la primera persona con
la que he hablado de esto, y me siento un poco mejor.

VERDADES SOBRE LA VAGINA

«En un proceso de brujas de 1593, el inquisidor (un hombre casado) al parecer descubrió un clítoris por primera vez; lo identificó como una teta del diablo, prueba concluyente de la culpabilidad de la bruja. Era "un bultito de carne con forma de protuberancia, como si hubiera sido una teta, con una longitud de un centímetro", que el carcelero "al apercibirse de él a primera vista, no quiso revelar, puesto que era contiguo a un lugar tan secreto que sería una indecencia que fuera visto". Aun así, finalmente, reacio a ocultar tan extraño asunto, lo mos-

tró a varios testigos. Los testigos nunca habían visto nada igual. La bruja fue condenada.»

The Woman's Encyclopedia of Myths and Secrets

TENÍA DOCE AÑOS.
MI MADRE ME DIO UNA BOFETADA

Segundo de primaria, siete años de edad, mi hermano estaba hablando de la regla. No me gustó cómo se reía.

Fui a mi madre.

—¿Qué es una regla?

—Una cosa para medir —me dijo— y para trazar líneas rectas.

Mi padre me regaló una tarjeta: «Para mi pequeña, que ya no es tan pequeña.»

Yo estaba aterrada. Mi madre me mostró las gruesas compresas. Tenía que tirar las usadas en el cubo bajo el fregadero de la cocina.

Recuerdo que fui una de las últimas. Tenía trece años.

Todas queríamos que nos viniera.

Tenía muchísimo miedo. Empecé a meter las compresas usadas en bolsas de papel de estraza en los oscuros altillos del desván.

En octavo. Mi madre dijo: «Anda, qué bien.»

En el instituto: unas gotitas marrones antes de que me viniera. Coincidió con unos pelillos en las axilas que crecían de manera desigual: tenía pelo en un sobaco y en el otro no.

Tenía dieciséis años. Me daba un poco de miedo.

Mi madre me dio codeína. Dormíamos en literas. Yo bajé y me tumbé. Mi madre estaba muy incómoda.

Una noche llegué tarde a casa y me metí en la cama sin encender ninguna luz. Mi madre había encontrado las compresas sucias y me las había metido entre las sábanas.

Tenía doce años. Iba en bragas. Todavía no me había vestido. Bajé la vista en las escaleras. Ahí estaba.

Bajé la vista y vi sangre.

Séptimo curso. Mi madre me vio las bragas y me dio unos pañales de plástico.

Mi madre estuvo muy cariñosa: «Vamos a por una compresa.»

En casa de mi amiga Marcia lo celebraron cuando le vino. Hicieron una cena en su honor.

Todas queríamos que nos bajara la regla.

Todas queríamos tenerla ya.

Trece años. Era antes de las compresas modernas. Había que tener cuidado con el vestido. Yo era negra y pobre. Me manché de sangre el vestido en la iglesia. No se notaba, pero me sentí culpable.

Tenía diez años y medio. No estaba preparada. Un pringue marrón en las bragas.

Me enseñó a ponerme un tampón. Solo me entró la mitad.

Asociaba la regla con fenómenos inexplicables.

Mi madre me dijo que tenía que ponerme compresas. Que nada de tampones. Que no podías meterte nada en el merenguito.

Me puse unos rollos de algodón. Se lo dije a mi madre, que me regaló unos recortables de Elizabeth Taylor.

Quince años. Mi madre me dijo: «*Mazel tov*», y me dio una bofetada. No supe si era algo bueno o malo.

Mi regla, como masa de bizcocho antes de meterse al horno. Las indias se pasaban cinco días sentadas sobre musgo. Ojalá fuera nativa americana.

Tenía quince años y estaba deseando que me viniera. Era muy alta y no dejaba de crecer.

Cuando veía en el gimnasio a las blancas con tampones, pensaba que eran chicas malas.

Vi unas gotitas de sangre en las baldosas rosa y pensé: «¡Bien!»

Mi madre se alegró por mí.

Usaba tampones y me gustaba meterme los dedos ahí.

Once años. Llevaba unas bragas blancas y empezó a salirme sangre.

Me parecía algo espantoso.

No estoy preparada.

Me daban dolores de espalda.

Me ponía cachonda.

Doce años. Me puse muy contenta. Mi amiga tenía una güija. Le preguntó cuándo nos iba a venir la regla, bajé la vista y vi sangre.

Bajé la vista y ahí estaba.

Soy una mujer.

Aterrada.

Nunca pensé que me vendría.

Cambió por completo mi sensación sobre mí misma. Me volví muy callada y madura. Una buena mujer vietnamita: una trabajadora silenciosa, virtuosa, que no habla nunca.

Nueve años y medio. Estaba convencida de que me iba a morir desangrada. Enrollé las bragas y las tiré a un rincón. No quería preocupar a mis padres.

Mi madre me dio vino con agua caliente y me quedé dormida.

Estaba en mi cuarto, en casa de mi madre. Tenía una colección de cómics. Mi madre me dijo: «Sobre todo no levantes la caja de cómics.»

Mis amigas me dijeron que tienes una hemorragia todos los meses.

Mi madre no hacía más que entrar y salir del psiquiátrico. No aceptaba que me hubiera hecho mayor.

«Querida señorita Carling, le ruego que excuse a mi hija del baloncesto. Acaba de hacerse mujer.»

En el campamento me dijeron que no me bañara teniendo la regla. Me lavaron con antiséptico.

Tenía miedo de que la gente lo oliera. Miedo de que me dijeran que olía a pescado.

Vomitaba, no podía comer.

Me daba hambre.

A veces es muy roja.

Me gustan las gotas que caen al váter. Parece pintura.

A veces es marrón y me inquieta.

Tenía doce años. Mi madre me dio una bofetada y me compró una camisa roja de algodón. Mi padre salió a por una botella de sangría.

EL TALLER DE LA VAGINA

[Un ligero acento inglés]

Mi vagina es una concha, una concha tierna, rosa, redondeada, que se abre y se cierra, se abre y se cierra. Mi vagina es una flor, un tulipán excéntrico, de centro recio y profundo, un olor delicado y pétalos suaves pero resistentes.

No siempre he sabido esto. Lo aprendí en el taller de la vagina. Lo aprendí de la directora del taller de la vagina, una mujer que cree en las vaginas, que ve de verdad las vaginas, que ayuda a otras mujeres a ver sus propias vaginas viendo las vaginas de otras.

En la primera sesión, la directora del taller de la vagina nos pidió que dibujáramos nuestra «extraordinaria, bella y fabulosa vagina». Así la llamó. Quería saber cómo veíamos nosotras nuestra extraordinaria, bella y fabulosa vagina. Una mujer embarazada dibujó una enorme boca roja que gritaba y echaba monedas. Otra mujer muy delgada dibujó una bandeja grande con una especie de dibujo estilo Devonshire. Yo pinté un enorme punto negro rodeado de pequeños garabatos. El punto negro era como un agujero negro en el espacio, y los garabatos representaban personas o cosas o sencillamente átomos que se habían perdido ahí. Siempre había considerado mi vagina como un vacío anatómico que absorbía al azar partículas y objetos del entorno.

Siempre había percibido mi vagina como una entidad independiente que giraba como una estrella en su propia galaxia y que al final se consumiría ardiendo en su propia energía gaseosa, o acabaría explotando y desintegrándose en miles de vaginas más pequeñas, todas ellas dando vueltas en sus propias galaxias.

No pensaba en mi vagina en términos prácticos o biológicos. Por ejemplo, no la veía como una parte de mi cuerpo, como algo entre mis piernas, como una cosa pegada a mí.

En el taller nos pidieron que nos mirásemos la vagina con un espejo de mano. Luego, tras un examen minucioso, teníamos que informar verbalmente al grupo de lo que habíamos visto. Debo decir que hasta ese momento todo lo que sabía de mi vagina se basaba en habladurías e invenciones. La verdad es que jamás la había visto. Mi vagina existía para mí en una especie de plano abstracto. Me resultaba reduccionista y embarazoso mirarla, ahí tumbadas en el taller sobre nuestras relucientes colchonetas azules, con nuestros espejos de mano. Me hacía pensar en lo que debían de sentir los primeros astrónomos con sus telescopios primitivos.

Al principio encontré mi vagina bastante perturbadora. Como la primera vez que ves abrir en canal un pescado y descubres dentro otro mundo complejo y ensangrentado, justo debajo de la piel. Estaba tan roja, tan en carne viva, era tan descarada... Y lo que más me sorprendió fue aquella cantidad de capas. Capas dentro de capas que se abrían a más capas.

Mi vagina me tenía alucinada. Cuando llegó mi turno en el taller, no podía ni hablar. Me había quedado sin palabras. Había despertado a lo que la mujer que dirigía el taller llamaba «la maravilla vaginal». Lo único que quería era quedarme allí despatarrada en la colchoneta y examinar mi vagina eternamente.

Era mejor que el Gran Cañón, era ancestral y hermosa. Poseía la inocencia y la frescura de un auténtico jardín inglés. Era graciosa, graciosísima. Me hacía reír. Podía abrirse y cerrarse, jugar al escondite. Era una boca. Era la mañana.

Entonces la directora del taller preguntó cuántas de las presentes habíamos tenido orgasmos. Dos mujeres alzaron con timidez las manos. Yo no la levanté, aunque sí que había tenido orgasmos. Pero no lo hice porque habían sido orgasmos accidentales, algo que me había sucedido ante mi pasividad. Me venían en sueños, y entonces me despertaba radiante. Me venían mucho en el agua, sobre todo en el baño. Me pasó una vez en el cabo Cod. Me venían montando a caballo, en bicicleta, en la cinta del gimnasio. No alcé la mano porque, aunque había tenido orgasmos, no sabía cómo provocármelos. Nunca lo había intentado. Pensaba que era una cosa mística, mágica. No quería interferir. Tenía la sensación de que involucrarme estaría mal, que sería algo manipulativo, algo artificioso. Era como muy de Hollywood: orgasmos mediante fórmula. Se irían al traste la sorpresa y el misterio. Pero el problema era que la sorpresa había desaparecido dos años antes. Hacía mucho tiempo que no tenía un orgasmo mágico accidental y estaba frenética. Por eso había acudido al taller.

Y entonces llegó el momento que tanto temía y a la vez en el fondo tanto deseaba. La directora del taller nos pidió que cogiéramos de nuevo los espejos de mano para ver si podíamos localizar nuestro clítoris. Total, que allí estábamos, un grupo de mujeres tumbadas boca arriba sobre las colchonetas, buscando nuestro punto, nuestro núcleo, nuestra razón de ser. Y no sé por qué, pero me eché a llorar. A lo mejor de pura vergüenza. O tal vez al saber que tenía que renunciar a la fantasía, a esa enorme fantasía en la que te dejas la vida, de que alguien o algo iba a hacer esto por mí; la fantasía de que aparecería alguien para dirigir mi vida, para marcar la dirección, para darme orgasmos. Estaba acostumbrada a vivir fuera de onda, de una manera mágica, supersticiosa. Aquella búsqueda del clítoris, aquel taller delirante con aquellas relucientes colchonetas azules lo estaba haciendo todo muy real, demasiado real. Me estaba invadiendo el pánico. Sentí el terror y a la vez la certeza de que había evitado buscarme el clítoris, de que lo había racionalizado como algo convencional y consumista porque, en realidad, me espantaba no tener clítoris, me aterraba ser una de esas mujeres incapaces por constitución, una de esas mujeres frígidas, muertas, cerradas, secas, solitarias, amargadas... Ay, Dios mío. Ahí estaba tumbada con mi espejo, buscando mi punto, toqueteando con los dedos, y solo podía pensar en aquella vez, cuando tenía diez años, que perdí en un lago mi anillo de oro con esmeraldas. Cómo buceé una y otra vez hasta el fondo del lago, rebuscando con las manos entre piedras y peces y tapones de botella y cosas viscosas, pero sin dar con mi anillo. El pánico que sentí. Sabía que me castigarían. No debería haberme bañado con él.

La mujer que dirigía el taller advirtió mis demenciales meneos, mis sudores, mi respiración agitada, y se acercó.

—He perdido mi clítoris —declaré—. No está. No tenía que haberme bañado con él.

Ella se echó a reír. Me acarició con calma la frente y me dijo que el clítoris no se podía perder. Que mi clítoris era yo misma, era mi esencia. Que era a la vez el timbre de la casa y la casa misma. Que no tenía que «encontrarlo», sino que tenía que «serlo». Serlo. Ser mi clítoris. Ser mi clítoris. Me tumbé de nuevo y cerré los ojos. Dejé el espejo. Me vi flotar sobre mí misma, vi cómo poco a poco empezaba a acercarme a mí misma y volvía a entrar en mí. Me sentí como un astronauta entrando en la atmósfera de la Tierra. Era una entrada muy callada, silenciosa y dulce. Reboté y aterricé, aterricé y reboté. Entré en mis propios músculos y sangre y células, y entonces sencillamente me deslicé en mi vagina. De pronto era muy fácil, y cabía. Me sentía caliente, palpitante, dispuesta, joven, viva. Y sin mirar, con los ojos todavía cerrados, puse el dedo en lo que ahora se había convertido en mí misma. Al principio se produjo un leve estremecimiento, que me apremiaba a quedarme. Luego el estremecimiento se convirtió en un temblor, en una erupción. Las capas se dividían y se subdividían. El temblor estalló en un ancestral horizonte de luz y silencio que se abría a un plano de música y colores, inocencia y anhelo. Y sentí una conexión, una fuerte conexión, allí tumbada agitándome en mi pequeña colchoneta azul.

Mi vagina es una concha, un tulipán y un destino. Estoy llegando al mismo tiempo que empiezo a marcharme. Mi vagina, mi vagina, yo.

VERDADES SOBRE LA VAGINA

«El clítoris es puro en su propósito. Es el único órgano del cuerpo diseñado puramente para el placer. El clítoris es sencillamente un nudo de nervios: ocho mil fibras nerviosas, para ser exactos. Es la mayor concentración de fibras nerviosas de todo el cuerpo, incluidas las puntas de los dedos, los labios y la lengua, y es el doble... el doble... el doble de las que hay en el pene. ¿Quién necesita un revólver teniendo una semiautomática?»

Natalie Angier, *Woman: An Intimate Geography*

PORQUE A ÉL LE GUSTABA MIRARLA

Así es como llegué a amar mi vagina. Resulta embarazoso, porque no es políticamente correcto. O sea, sé que debería haber sucedido en un baño de espuma con sales del mar Muerto, la música de Enya de fondo, y yo ahí amando mi ser femenino. Ya me sé la historia. Las vaginas son bellas. El odio hacia nosotras mismas no es más que la interiorización de la represión y el odio de la cultura del patriarcado. No es real. Coños unidos y todo eso. Ya me lo sé. Vaya, que si nos hubiéramos criado en una cultura que nos enseñara que las piernas gordas son bellas, todas estaríamos hinchándonos de batidos y galletas y nos pasaríamos el santo día tiradas en la cama dedicadas a la expansión de nuestros muslos. Pero no nos hemos criado en esa cultura. Yo odiaba mis piernas y todavía odiaba más mi vagina. Me parecía increíblemente fea. Era una de esas mujeres que sí se la han mirado, y desde el primer momento me arrepentí de haberlo hecho. Me daba náuseas. Me daba pena cualquiera que tuviera que trastear por ahí abajo.

Para sobrevivir empecé a fingir que había otra cosa entre mis piernas. Me imaginaba muebles —mullidos futones con ligeros edredones de algodón, pequeños sofás de terciopelo, alfombras de leopardo—, o cosas bonitas —pañuelos de seda, manoplas acolchadas, servicios de mesa— o bien paisajes en miniatura —lagos cristalinos o brumosos pantanos irlandeses—. Me acostumbré a esto de tal manera que olvidé por completo que tenía una vagina. Cada vez que practicaba el sexo con un hombre, me lo imaginaba dentro de una bufanda de visón o una rosa roja o un cuenco chino.

Y entonces conocí a Bob. Bob era el hombre más normal y corriente que había visto en mi vida. Era alto, delgado y anodino. Vestía ropa de color caqui. A Bob no le gustaban las comidas picantes ni escuchaba a Prodigy. No le interesaba nada la lencería erótica. En verano no salía de la sombra. No expresaba sus sentimientos. No tenía problemas ni traumas y ni siquiera era alcohólico. No era muy gracioso, ni elocuente ni misterioso. No era mezquino ni distante. No era egocéntrico ni carismático. No conducía deprisa. A mí no es que me gustara en especial. No me habría fijado siquiera en él si no hubiera recogido el cambio que se me había caído al suelo en el supermercado. Cuando me devolvió las monedas y sin querer nuestras manos se tocaron, saltó una chispa. Me acosté con él. Y entonces sucedió el milagro.

Resultó que a Bob le encantaban las vaginas. Era todo un experto. Le gustaba su tacto, su sabor, su olor, pero, lo más importante, le gustaba su aspecto. Tenía que verlas. La primera vez que nos acostamos, me dijo que tenía que verme.

—Estoy justo aquí —repuse.

—No, a ti —insistió—. Tengo que verte a ti.

—Enciende la luz.

Empezaba a pensar que era un bicho raro y me

estaba entrando miedo en la oscuridad. Bob encendió la luz.

—Vale —dijo—. Estoy listo. Listo para verte.

—Aquí. —Saludé con la mano—. Estoy aquí.

Entonces empezó a desnudarme.

—¿Qué estás haciendo, Bob? —le pregunté.

—Necesito verte —respondió.

—No hace falta. Entra y ya está.

—Necesito ver cómo eres.

—Pero tú ya has visto antes un sillón de cuero rojo.

Bob prosiguió. No había forma de pararle. Yo quería vomitar y morirme.

—Esto es horriblemente íntimo —protesté—. ¿No puedes entrar sin más?

—No. Es tu esencia. Necesito verla.

Contuve el aliento. Y él se puso a mirar y venga a mirar. Suspiraba y sonreía, miraba y gemía. Empezó a respirar más fuerte y su rostro cambió. Ya no parecía anodino. Parecía una bestia hambrienta y hermosa.

—Eres bellísima —dijo—. Eres elegante y profunda, inocente y salvaje.

—¿Has visto todo eso ahí?

Ni que me estuviera leyendo la palma de la mano.

—He visto eso y más. Mucho, mucho más.

Se quedó ahí mirando casi una hora, como si estudiara un mapa, como si observara la luna, como si me mirase a los ojos. Pero era mi vagina. Con la luz encendida, me fijé en él mientras me miraba, y se lo veía tan genuinamente excitado, tan sereno y eufórico, que empecé a excitarme yo también y a mojarme. Empecé a sentirme bella y deliciosa, como un gran cuadro o una cascada. Bob no tenía miedo. No sentía asco. Y yo me henchí, me sentí orgullosa. Comencé a amar mi vagina. Y Bob se perdió allí y yo estaba allí con él, en mi vagina, y los dos desaparecimos.

MI VAGINA ERA MI ALDEA

Para las mujeres de Bosnia

Mi vagina era verde, praderas de un suave rosado
de acuarela, vacas mugiendo, sol, paz, mi dulce chico
rozándome con una fina brizna pálida de paja.
Hay algo entre mis piernas. No sé lo que es. No sé
dónde está. No lo toco. Ya no. No desde entonces.
Mi vagina era charlatana, impaciente, tanto, tanto
hablar, tantas palabras, no podía dejar de intentarlo,
no podía dejar de decir, oh, sí, oh, sí.
No desde que soñé que hay un animal muerto co-
sido ahí abajo con grueso sedal negro. Y el hedor de
animal muerto no se puede quitar. Y tiene un tajo en

el cuello y mancha de sangre todos mis vestidos de
verano.

Mi vagina cantando todas las canciones de chicas, todas las canciones en las que suenan los cencerros de las cabras, todas las canciones de los campos otoñales, canciones de la vagina, canciones del hogar de la vagina.

No desde que los soldados me metieron dentro un largo y grueso rifle, tan frío que la barra de acero me anuló el corazón. No sé si van a disparar o me lo clavarán hasta el cerebro. La cabeza me da vueltas. Son seis, doctores monstruosos con máscaras negras que también me meten dentro botellas. Y palos y el mango de una escoba.

Mi vagina nadando en el agua del río, agua clara que se derrama sobre piedras cocidas al sol, sobre clítoris de piedra, sobre piedras de clítoris una y otra vez.

No desde que oí el desgarro de la piel y sus chirridos ásperos de limón, no desde que un trozo de mi vagina se me cayó en la mano, una parte del labio. Ahora me falta un lado entero del labio.

Mi vagina. Una aldea de agua viva y húmeda. Mi vagina, mi hogar.

No desde que se turnaron durante siete días, apes-
tando a heces y carne ahumada. Dejaron dentro de
mí su sucio semen. Me convertí en un río de veneno y
pus y todas las cosechas murieron, y los peces.

Mi vagina, una aldea de agua viva y húmeda.
La invadieron. La masacraron y la quemaron.
Ya no la toco.
No la visito.
Ahora vivo en otro sitio.
No sé dónde.

VERDADES SOBRE LA VAGINA

«En el siglo XIX, las mujeres que aprendían a tener orgasmos mediante la masturbación se consideraban casos clínicos. A menudo eran "tratadas" o "corregidas" mediante la amputación o cauterización del clítoris, con "cinturones de castidad en miniatura", cosiendo los labios vaginales para dejar el clítoris fuera del alcance e incluso mediante la castración extirpando quirúrgicamente los ovarios. Pero en la literatura médica no existen referencias a la extirpación quirúrgica de testículos o amputación del pene para evitar la masturbación en los chicos.

»En Estados Unidos, la última clitoridectomía de la que se tiene constancia para curar la masturbación fue realizada en 1948... a una niña de cinco años.»

The Woman's Encyclopedia of Myths and Secrets

VERDADES SOBRE LA VAGINA

«La mutilación genital ha sido infligida sobre (doscientos millones) niñas y mujeres jóvenes. En los países en los que se practica, en su mayoría africanos (unos treinta millones de jóvenes dentro de la próxima década), están expuestas a que les corten el clítoris o se lo extirpen por completo con un cuchillo, una cuchilla o un cristal, y a que les cosan los labios vaginales, en parte o en su totalidad, con cuerda de tripa o con espinos.

»A menudo la operación se embellece denominándola "circuncisión". La especialista africana Nahid Toubia lo explica lisa y llanamente: la práctica equivalente en un hombre iría desde la amputación de la mayor parte del pene a la "extirpación de todo el pene, sus raíces de tejido blando y parte de la piel escrotal".

»Entre las secuelas a corto plazo se incluyen tétanos, septicemia, hemorragias, cortes en la uretra, en la vejiga, en las paredes vaginales y el esfínter anal. A largo plazo puede producirse infección uterina crónica, enormes cicatrices que dificultan para toda la vida el caminar, formación de fístulas, aumento desmedido del dolor y el peligro durante el parto y muerte temprana.»

The New York Times, 12 de abril, 1996, con actualizaciones (entre paréntesis) del informe de UNICEF de 2013, «Female Genital Mutilation/Cutting: A Statistical Overview and Exploration of the Dynamics of Change»

MI FURIOSA VAGINA

Mi vagina está enfadada. Enfadadísima. Está cabreada. Mi vagina está furiosa y necesita hablar. Necesita hablar de toda esta mierda. Necesita hablar con vosotros. O sea, pero esto ¿qué es? Hay por ahí todo un ejército de personas urdiendo maneras de torturar a mi pobre, mi dulce, mi afectuosa vagina... Se pasan la vida concibiendo ideas terribles y productos de psicópata para minar mi coño. Cabronazos de la vagina.

La cantidad de mierda que pretenden meternos dentro, para limpiarnos, rellenarnos, borrarnos.

Pues bien, mi vagina no se va a borrar. Está furiosa y no piensa moverse del sitio. Los tampones, por ejemplo... Eso ¿qué mierda es? Un puto rulo de algodón seco ahí metido. ¿Por qué no pueden dar con la forma de lubricar sutilmente el tampón? En cuanto mi vagina lo ve, le da el soponcio. Dice: Ni de coña. Se cierra. Hay que trabajarse a la vagina, presentarle las cosas, preparar el camino. De eso se trata el juego previo. A mi vagina hay que convencerla, a mi vagina hay que seducirla, hay que ganarse su confianza. Y eso es imposible con un puto rulo de algodón seco.

Dejad de meterme cosas por el coño. Dejad de meterme cosas y dejad de limpiármelo. Mi vagina no necesita que la limpien. Ya huele bien. No a pétalos de rosa, dejaos de adornos. No le creáis cuando os diga que huele a pétalos de rosa cuando se supone que tiene que oler a coño. A eso se dedican: intentan limpiar la vagina, pretenden que huela a ambientador de baño o a jardín. Y esa idiotez de espráis vaginales: floral, frutas del bosque, lluvia. Yo no quiero que me huela el coño a lluvia, ahí todo relimpio. Es como lavar un pescado después de cocinarlo. Yo quiero saborear el pescado, que para eso lo he pedido.

Y luego están las revisiones médicas. ¿A quién se le ocurrió la idea? Tiene que haber una manera mejor de realizar esas exploraciones. ¿Por qué esa aterradora bata de papel que te roza las tetas y cruje cuando te tumbas, de manera que te sientes como un papel que hayan tirado a la basura? ¿Por qué esos guantes de goma? ¿Por qué esa linterna ahí metida, en plan Sherlock Holmes espeleólogo? ¿Por qué los estribos de acero estilo nazi, o ese horrible y frío pico de pato que te meten dentro? Pero ¿de qué van? A mi vagina le enfurecen esas visitas. Se pone a la defensiva con semanas de antelación. Se cierra, no se «relaja» ni a tiros. ¿No os parece el colmo?: «Relaja la vagina, relaja la vagina.» ¿Qué hablas? Mi vagina no es idiota. ¿Relájate para que te podamos meter de golpe ese frío pico de pato? Sí, vamos.

¿Por qué no han encontrado un agradable y delicioso terciopelo morado en el que envolverme? ¿Por qué no me tumban en una mullida colcha de algodón, se ponen unos agradables guantes de color rosa o azul y me dejan apoyar los pies en unos estribos forrados de piel? Ya podrían calentar el pico de pato. Ya podrían ganarse a mi vagina.

Pero no. Más torturas: un puto rulo de algodón seco, un frío pico de pato y los tangas. Eso es lo peor. Los tangas. ¿A quién se le ocurrió la brillante idea? Se menea constantemente, se te pega a la parte trasera de la vagina, se te clava en el culo.

Se supone que la vagina tiene que estar suelta y ancha, no ahí toda apretada. Por eso son tan malas, las fajas. Necesitamos movernos y expandirnos y hablar y hablar. Las vaginas necesitan comodidad. Haced algo así, algo que les dé placer. Pero no, claro, eso no lo harán. Odian ver a una mujer sentir placer, y ya no digamos placer sexual. O sea, que hagan unas buenas bragas de algodón suave con un vibrador pegado. Las mujeres se estarían corriendo todo el día, se correrían en el supermercado, se correrían en el metro. Se correrían. Vaginas felices. Pero ellos no podrían soportarlo. No podrían soportar ver tantas vaginas motivadas, autosuficientes, vaginas calientes, vaginas felices.

Si mi vagina hablara, hablaría de sí misma como yo; hablaría sobre otras vaginas; haría imitaciones de otras vaginas.

Llevaría diamantes de Harry Winston, nada de ropa: ahí desnuda, toda envuelta en diamantes.

Mi vagina ayudó a dar a luz a un bebé gigante. Pensó que repetiría, pero no. Ahora quiere viajar, no quiere mucha compañía. Quiere leer y saber cosas y salir más. Quiere sexo. Le encanta el sexo. Quiere ir más hondo. Ansía la profundidad. Quiere bondad. Quiere cambio. Quiere silencio y libertad y besos suaves y líquidos cálidos y contacto profundo. Quiere chocolate. Quiere gritar. Quiere dejar de estar enfadada. Quiere correrse. Quiere desear. Quiere. Mi vagina, mi vagina. Bueno... lo quiere todo.

LA PATATITA QUE PUDO

[Mujer sureña]

Recuerdo: diciembre de 1965; cinco años de edad

Mamá me dice con una voz muy alta, amenazadora, aterradora, que me deje de rascar la patatita. Me aterra pensar que me la he arrancado a base de rascarla. No me vuelvo a tocar, ni siquiera en la bañera. Me da miedo de que me entre el agua y me llene hasta hacerme explotar. Me pongo tiritas en la patatita para tapar el agujero, pero se me caen en el agua. Me imagino un tapón, un tapón de baño ahí para impedir que me entren cosas. Duermo con tres pares de bragas de corazoncitos debajo de mi pijama de una pieza. Todavía quiero tocarme, pero no me toco.

Recuerdo: siete años de edad

Edgar Montane, que tiene diez años, se enfada conmigo y me da un puñetazo con todas sus fuerzas entre las piernas. Me parece que me ha roto entera, que me ha partido en dos. Vuelvo a casa cojeando. No puedo hacer pis. Mamá me pregunta qué me pasa en la patatita, y cuando le cuento lo que me ha hecho Edgar, me grita y me dice que no deje que nadie me vuelva a tocar nunca ahí abajo. Yo intento explicarle que no me tocó, mamá, me dio un puñetazo.

Recuerdo: nueve años de edad

Estoy jugando en el colchón, dando brincos, y al caerme me clavo todo el poste de la cama en la patatita. Lanzo unos alaridos agudos que salen directamente de la boca de mi patatita. Me llevan al hospital y me cosen ahí abajo donde se ha desgarrado.

Recuerdo: diez años de edad

Estoy en casa de mi padre, que celebra una fiesta. Todo el mundo bebe. Yo estoy abajo en el sótano, probándome el conjunto nuevo de sujetador y bragas de algodón que me ha regalado la novia de mi padre. De pronto el mejor amigo de mi padre, un hombre grande llamado Alfred, se me acerca por detrás, me baja las bragas nuevas y mete su enorme pene duro en mi patatita. Grito. Pataleo. Intento resistirme, pero él ya me ha penetrado. De pronto aparece mi padre y tiene una pistola y se oye un estampido fuerte y terrible y hay sangre por todas partes. Estoy segura de que finalmente se me está cayendo la patatita. Alfred queda paralítico de por vida, y mamá no me deja ver a mi padre durante siete años.

Recuerdo: trece años de edad

Mi patatita es un sitio muy malo, un punto de dolor, de repugnancia, de golpes, de invasión y de sangre. Es un lugar de percances. Es una zona de mala suerte. Me imagino una autopista entre mis piernas y, qué bien, estoy viajando, me largo muy lejos de aquí.

Recuerdo: dieciséis años de edad

En nuestro barrio hay una mujer guapísima de veinticuatro años y yo siempre me la quedo mirando. Un día me invita a su coche. Me pregunta si me gusta besar a los chicos, yo le digo que eso no me gusta. Entonces dice que quiere enseñarme una cosa y se inclina y me besa muy suavemente en los labios con sus labios y luego me mete la lengua en la boca. Madre mía. Me invita a ir a su casa y allí me besa de nuevo y me dice que me relaje, que lo sienta, que permita que nuestras lenguas lo sientan. Le pregunta a mi madre si puedo pasar ahí la noche, y mi madre está encantada de que una mujer tan guapa y con tanto éxito se interese por mí. Yo tengo miedo, pero en el fondo me muero de ganas. Su apartamento es fantástico. Lo tiene muy bien montado. Son los años setenta: cuentas y abalorios, mullidos cojines, luces ambientales. Decido en ese mismo instante que de mayor quiero ser secretaria como ella. Se prepara un vodka y me pregunta qué quiero tomar. Digo que lo mismo que ella, pero me responde que no cree que a mi madre le haga mucha gracia que beba vodka. Digo que probablemente tampoco le haga gracia que me bese con chicas, y la mujer guapa me prepara una copa. Y luego se cambia y se pone un picardías de satén de color chocolate. Es preciosa. Yo siempre había pensado que las bolleras eran feas. Le digo: «Estás muy guapa.» Y ella me contesta: «Tú también.» Y yo: «Pero yo solo tengo unas bragas y un sujetador de algodón.» Y entonces ella me pone despacito otro picardías de satén. Es de color lavanda, como los primeros días templados de la primavera. El alcohol se me ha subido a la cabeza y me noto suelta y dispuesta. Mientras ella me tumba despacio y con dulzura, veo que sobre la cama cuelga la foto de una mujer negra desnuda con un enorme peinado afro. Solo con el frotarse de nuestros cuerpos, me corro. Y ella me hace, a mí y a mi patatita, todas las cosas que yo siempre había considerado sucias. ¡Y madre mía! Estoy a mil, desbocada. Ella me dice: «Tu vagina, que ningún hombre ha tocado, huele tan bien, tan limpia... Ojalá pudiera conservarla así para siempre.» Yo me pongo como loca, y entonces suena el teléfono y por supuesto es mi madre. Estoy segura de que sabe lo que ha pasado; siempre me pilla en todo. Tengo la respiración entrecortada, pero intento disimular al ponerme al teléfono, y ella me dice: «¿Qué te pasa, has estado corriendo?» Y yo: «No, mamá, haciendo ejercicio.» Y luego le dice a la guapa secretaria que no me deje andar con chicos, y la mujer contesta: «No se preocupe, que por aquí no hay chicos, se lo aseguro.» Y después la preciosa señora me lo enseña todo sobre mi patatita. Me hace jugar con mi patatita delante de ella y me enseña un montón de formas diferentes de darme placer. Es muy concienzuda. Me dice que tengo que saber bien cómo darme placer yo sola, para no tener que depender nunca de un hombre. Por la mañana, me preocupa haberme convertido en bollera, porque estoy enamoradísima de ella. Ella se ríe, pero no vuelvo a verla. Más tarde me di cuenta de que la mujer había sido mi sorprendente salvación, una salvación inesperada, políticamente incorrecta. Transformó mi triste patatita y la elevó hasta una especie de paraíso.

«¿A qué huele una vagina?»

A tierra.
A basura mojada.
Bien.
A agua.
A una mañana recién estrenada.
A profundidad.
A jengibre dulce.
A sudor.
Depende.

A almizcle.

A mí.

Me han dicho que no huele.

A piña.

A esencia de cáliz.

A Paloma Picasso.

A carne sabrosa y almizcle.

A canela y clavo.

A rosas.

A un bosque de jazmín, aromático, almizclado. Un
bosque muy, muy profundo.

A musgo húmedo.

A caramelos ricos.

Al Pacífico Sur.

A algo entre pescado y lilas.

A melocotones.

A bosques.

A fruta madura.

A té de fresa y kiwi.

A pescado.

A cielo.

A vinagre y agua.

A un licor suave y dulce.

A queso.

A mar.

Sexi.

A una esponja.

Al principio.

REIVINDICACIÓN DEL COÑO

Yo lo llamo «coño». Lo he reivindicado: coño. Me gusta de verdad. Coño. Escuchad bien. Coño. La ce. Una ce de caverna, de carcajada, de clítoris, de cuco, de calor, de correrse. Una ce de cerrado, luego una o, oh, oh. Co, co de cosecha, de cosmos, un código, letras acogedoras, cómodas, confortables, que se acoplan perfectamente, que concuerdan, que se corresponden, que se colman.

Luego, el pestañeo de la eñe que anida en la palabra, ceñida entre las letras, la eñe otoñal, soñadora, mañosa. Y de nuevo la o, siempre redonda, la omega osada, obsequio, ola, órbita, ocasión, ovillo, otero, otorgar, orgullo, oír. Oíd, oíd: «coño». Coño.

LE PREGUNTÉ A UNA NIÑA DE SEIS AÑOS

«Si tu vagina se vistiera, ¿qué se pondría?»
«Botas de baloncesto rojas y una gorra de los Mets con la visera hacia atrás.»

«Si pudiera hablar, ¿qué diría?»
«Diría palabras que empiecen por "V" y por "T", como por ejemplo violín y tortuga.»

«¿A qué te recuerda tu vagina?»
«A un melocotón oscuro y bonito. O a un diamante que encontré en un tesoro y es mío.»

«*¿Qué tiene de especial tu vagina?*»

«Que ahí muy adentro sé que tiene un cerebro muy, muy listo.»

«*¿A qué huele tu vagina?*»

«A copos de nieve.»

LA MUJER A LA QUE LE ENCANTABA
HACER FELICES A LAS VAGINAS

Me encantan las vaginas. Me encantan las mujeres. No las veo como cosas separadas. Las mujeres me pagan para que las domine, para que las excite, para que las lleve al orgasmo. Yo no empecé haciendo esto. No, ni mucho menos: yo era abogada. Pero cuando ya me acercaba a los cuarenta, me obsesioné con hacer felices a las mujeres. Había tantas mujeres insatisfechas, tantas mujeres sin acceso a su felicidad sexual... Todo comenzó como una especie de misión, pero acabé involucrándome mucho. Llegué a ser muy buena, brillante, yo diría. Era mi arte. Empecé a cobrar. Había encon-

trado mi vocación. La ley tributaria me parecía entonces totalmente aburrida e insignificante.

Cuando dominaba a las mujeres me ponía atuen-
dos exóticos —de encaje y seda y cuero— y utilizaba
accesorios: látigos, esposas, cuerdas, vibradores. En
la ley tributaria no había nada parecido. No había
accesorios, no había emoción. Y, además, odiaba
aquellos trajes azules de ejecutiva, aunque de vez en
cuando me los pongo en mi nuevo trabajo y hacen un
servicio estupendo. Y es que el contexto lo es todo.
En el derecho de sociedades no había accesorios, no
había disfraces. No había humedades. No había un
juego oscuro y misterioso. No había pezones erectos. No había bocas deliciosas. Pero sobre todo, no
había gemidos. No de la clase a la que me refiero.
Aquella fue la clave, ahora lo veo: los gemidos fueron
lo que en último término me sedujo y me hizo adicta
a hacer felices a las mujeres. Cuando era pequeña y
veía en las películas a mujeres haciendo el amor, emi-
tiendo extraños ruidos y gemidos orgásmicos, me
reía. Me daba una risa loca. No me podía creer que
aquellos sonidos tan estentóreos, tan escandalosos,
tan descontrolados, provinieran de una mujer.

Yo ansiaba gemir. Practicaba delante del espejo con una grabadora, gemía en varias claves, en varios tonos, a veces con expresiones muy operísticas, otras veces con expresiones más reservadas, casi contenidas. Pero siempre, cuando oía la grabación, los gemidos sonaban falsos. Eran falsos. No estaban enraizados en nada sexual realmente, solo en mi deseo de ser sexual.

Pero entonces una vez, cuando tenía diez años, me entraron muchísimas ganas de hacer pis durante un viaje en coche. Aguanté durante casi una hora, y cuando por fin pude hacerlo en una pequeña y sucia gasolinera, me resultó tan excitante que gemí. Gemí mientras orinaba. No me lo podía ni creer: ahí estaba yo, gimiendo en una gasolinera perdida en mitad de Luisiana. En ese mismo momento me di cuenta de que los gemidos tienen que ver con no conseguir al instante lo que quieres, con demorar las cosas. Me di cuenta de que los gemidos son mejores cuando te cogen por sorpresa, que surgen de una parte de ti, oscura y misteriosa, que habla su propio lenguaje. Me di cuenta de que los gemidos eran, de hecho, un lenguaje.

Me convertí en gemidora. Era algo que inquietaba a casi todos los hombres. Francamente, los aterraba. Yo armaba tal escándalo que no podían atender a lo que hacían. Se distraían. Perdían la concentración... y luego perdían todo lo demás. No podíamos hacer el amor en casa de nadie porque las paredes eran demasiado finas. Acabé teniendo mala reputación en mi bloque, la gente me miraba con desprecio en el ascensor. Los hombres pensaban que era demasiado intensa y algunos hasta me tachaban de loca.

Empecé a sentirme mal por gemir. Me volví callada y educada. Ahogaba mis ruidos con la almohada. Aprendí a tragarme mi gemido, a contenerlo como un estornudo. Empecé a sufrir dolores de cabeza y trastornos provocados por el estrés. Estaba ya desesperada cuando descubrí a las mujeres. Descubrí que a la mayoría de las mujeres les encantaban mis gemidos. Pero lo que es más importante, descubrí lo mucho que me excitaba cuando otras mujeres gemían, cuando lograba que otras mujeres gimieran. Se convirtió en una especie de pasión.

Descubrir la clave, dar con la llave que abría la

boca de la vagina, que desencadenaba su voz, esa indómita canción.

Hice el amor con mujeres calladas y descubrí ese punto en su interior, y ellas se conmocionaron con sus propios gemidos. Hice el amor con gemidoras que encontraron un gemido más hondo y penetrante. Me obsesioné con ello. Ansiaba hacer gemir a las mujeres, estar al mando, como un director de orquesta, tal vez, o el líder de un grupo musical.

Encontrar el tempo, el punto exacto o el hogar del gemido era una especie de operación quirúrgica, una especie de delicada ciencia. Así lo llamaba yo.

A veces lo encontraba en una mujer por encima de sus vaqueros. A veces me acercaba sigilosa, sin anunciarme, desactivando en silencio las alarmas circundantes antes de entrar. En ocasiones usaba la fuerza, pero no una fuerza violenta ni opresiva, sino más bien dominante, una fuerza en plan: «Te voy a llevar a un sitio; no te preocupes, relájate, disfruta del viaje.» A veces era algo prosaico sin más. Encontraba el gemido con los dedos antes de que la cosa empezara siquiera, mientras nos tomábamos una ensalada o un pollo tranquilamente. «Aquí está, mira tú», de la manera más sencilla, en la cocina, todo aliñado con el vinagre balsámico. A veces utilizaba accesorios —me encantan los accesorios—, a veces hacía que una mujer encontrara su propio gemido delante de mí. Y yo esperaba, aguantaba hasta que ellas se abrían. No me engañaban los gemidos menores, más obvios. No. Las empujaba más allá, hasta el fondo, hasta su gemido más potente.

Está el gemido del clítoris (un sonido suave, bucal), el gemido vaginal (un sonido profundo, gutural), el gemido combinado clitovaginal. Está el pregemido (el atisbo de un sonido), el casi gemido (un sonido circular), el gemido «justo ahí» (un sonido más hondo y definido), el gemido elegante (un sofisticado sonido risueño), el gemido Grace Slick (un sonido roquero), el gemido de mujer blanca de clase alta (ningún sonido), el gemido semirreligioso (un sonido de salmodia musulmana), el gemido montañero (un sonido tipo canto tirolés), el gemido de bebé (un sonido como agó, agó, gu-gu-gú), el gemido perruno (un sonido de jadeo), el gemido sureño (con acento del sur: «¡Sí! ¡Sí!»), el desinhibido gemido bisexual militante (un sonido machacón, profundo, agresivo), el gemido de metralleta, el gemido zen atormentado (un sonido retorcido, voraz), el gemido de diva (una nota aguda, operística), el gemido del orgasmo calambre en un dedo del pie y, finalmente, el gemido del triple orgasmo sorpresa.

YO ESTABA ALLÍ EN LA HABITACIÓN

Para Shiva y Coco

Yo estaba allí cuando se abrió su vagina.
Estábamos todos: su madre, su marido y yo,
y la enfermera de Ucrania con toda la mano
metida en su vagina, palpando y girando con su
    guante
de goma mientras nos hablaba como si nada, como
    si estuviera abriendo un grifo atorado.
Yo estaba en la habitación cuando las contracciones;
la pusieron a cuatro patas,
provocaron que sus poros exudaran gemidos
    extraños;

seguía allí horas después, cuando de pronto lanzó
   un grito salvaje
dando manotazos en el aire electrizado.

Estaba allí cuando su vagina se transformó,
de un tímido agujero sexual,
en un túnel arqueológico, un recipiente sagrado,
un canal veneciano, un pozo hondo con un niño
   diminuto dentro
que aguardaba el rescate.

Vi los colores de su vagina. Vi cómo cambiaban.
Vi el magullado morado roto,
el ardiente rojo tomate,
el rosa grisáceo, la oscuridad;
vi la sangre como sudor por los bordes,
vi el líquido amarillo y blanco, la mierda, los
   coágulos que salían de todos los orificios cada
   vez con más fuerza,
vi a través del agujero los rasguños de pelo negro
de la cabeza del niño,
justo ahí detrás del hueso: un recuerdo duro y
   redondo,

mientras la enfermera ucraniana seguía girando y
  girando
su mano resbaladiza.

Yo estaba allí cuando cada una, su madre y yo,
le agarramos una pierna y se las abrimos bien,
  empujando
con todas nuestras fuerzas contra su empujar.
Su esposo contaba riguroso: «Uno, dos, tres»,
le decía que se concentrara, más fuerte.
Miramos entonces dentro de ella.
No podíamos apartar los ojos de ahí.

Olvidamos la vagina, todas nosotras.
¿Qué si no explicaría
que no nos sobrecojamos, que no nos
  maravillemos?

Yo estaba allí cuando el médico
introdujo las espátulas de Alicia en el país de las
  maravillas
y su vagina se convirtió en una boca abierta
  operística

que cantaba con todas sus fuerzas.

Primero la cabecita, luego un brazo gris y yerto,
luego el rápido

cuerpo nadador que nadó rápidamente hasta
nuestros llorosos brazos.

Estaba allí más tarde, cuando me volví y me encaré a
su vagina.

Ahí me quedé, me permití verla

toda abierta, totalmente expuesta,

mutilada, hinchada, desgarrada,

sangrando sobre las manos del médico

que tranquilamente la cosía.

Ahí me quedé y, ante mis ojos atentos, su vagina de
pronto

se convirtió en un ancho y palpitante corazón rojo.

El corazón es capaz de sacrificio.

Como la vagina.

El corazón es capaz de perdonar y reparar.

Puede cambiar de forma para dejarnos entrar.

Puede expandirse para dejarnos salir.

Como la vagina.

Puede sentir anhelo por nosotras y ensancharse por nosotras, morir por nosotras y sangrar y traernos con sangre a este mundo difícil y maravilloso.

Como la vagina.

Yo estaba presente.

Lo recuerdo.

MONÓLOGOS SPOTLIGHT

Cada uno de estos monólogos fue escrito para una acción de la campaña V-Day Spotlight o una situación en el mundo en la que las mujeres estuvieran en grave peligro, donde hubieran sido violadas o asesinadas o silenciadas o sencillamente no se les hubiera permitido estar. Fue para mí un honor que me invitaran a entrar en estas comunidades. Tengo la esperanza de que contar estas historias allí donde las mujeres han sufrido, resulte sanador; que al ver lo que las ha anulado, se hagan para siempre visibles, sean honradas y protegidas.

EL RECUERDO DE SU ROSTRO

Para Esther

Islamabad

Todos sabían que algo terrible iba a pasar,
cada vez que él volvía a casa.
Las cosas que usaba.
La primera vez
agarró lo que tenía más a mano,
agarró una cacerola,
se la estampó en la cabeza,
le dio un terrible golpe en el ojo derecho.
La siguiente vez se lo pensó un poco,

se detuvo,

se quitó el cinturón.

Ella tenía tajos en la parte interior de los muslos.

La tercera vez tenía

que involucrarse más en hacerle daño,

de manera que le dio una paliza con los puños,

le rompió la nariz.

Ellos oyeron sus gritos,

oyeron sus súplicas.

No intervinieron, no intervendrían.

Él era su dueño.

Era una ley no escrita.

No preguntes qué ha hecho ella.

Solo su cara le cabreaba.

Su cara insaciable, siempre queriendo más.

La última vez

que se hartó de ella,

lo planeó.

Consiguió antes el ácido,

lo vertió en una jarra.

Ella le pidió dinero para comprar comida para los
dos.

Tenía esa cara.

Esa cara. Esa cara. Esa cara.
Su cara ha desaparecido,
totalmente derretida.
Solo ojos, eso es todo lo que se ve.
Eso es todo.
Solo unos ojos engastados en carne viscosa.
Os lo digo porque
ella está ahí, dentro de esta atrocidad,
dentro de esa máscara monstruosa,
dentro de la muerte de su autoestima,
dentro del deseo de él de convertirla en nadie.
Ella está ahí, lo juro.
La oigo resollar.
La oigo suspirar.
La oigo balbucear algo
con lo que una vez fue su boca.
La oigo. Lo juro.
Ella vive ahí dentro.

Juárez

Todas las mujeres son oscuras, excepcionales,
    jóvenes.

Todas las mujeres tienen ojos castaños.
Todas las mujeres han desaparecido.
Una niña falta desde hace diez meses.
Tenía diecisiete años cuando se la llevaron.
Trabajaba en la fábrica.
Estampaba miles de cupones para productos
que jamás podría permitirse.
Cuatro dólares al día.
Le pagaban y la llevaban en autobús al desierto,
a dormir en un cuchitril helador.
Debió de ser de camino en el autobús.
Se la llevaron.
Debía de estar oscuro fuera.
Debió de prolongarse hasta la mañana
lo que quiera que le hicieran.
Lo que le hicieran
se prolongó y se prolongó.
Se sabe por las otras,
que aparecieron sin manos o sin pezones.
Debió de prolongarse y prolongarse.
Cuando apareció por fin,
era huesos.
Huesos, huesos.

Sin el bonito lunar sobre el ojo derecho,
sin sonrisa traviesa, sin el cabello negro ondulado.
Huesos, volvió hecha huesos.
Ella y las otras.
Todas hermosas.
Todas en sus comienzos.
Todos los cupones.
Todas las caras.
Todas acabadas.
Trescientos rostros, desaparecidos.
Trescientas narices.
Trescientas barbillas.
Trescientos pares de ojos oscuros y penetrantes.
Trescientas sonrisas.
Trescientos pares de mejillas mulatas.
Trescientas bocas hambrientas
a punto de hablar,
a punto de contar,
a punto de gritar,
desaparecidas, solo huesos.
Intenté volverme
cuando se alzó el chador
en el restaurante,

cuando alzaron el plástico
que ocultaba
el perfil óseo de su cabeza
en la morgue,
intenté volverme.

BAJO LA BURKA

Para Zoya

(*Este fragmento no es sobre la burka en sí. Llevar una burka es evidentemente una cuestión de cultura y elección propia. Este fragmento es sobre un momento y un lugar en el que las mujeres no tenían elección.*)

Imagina un paño enorme y oscuro
que cubre todo tu cuerpo,
como si fueras una estatua indecente,
imagina que solo entra una gota de luz,
suficiente para saber si todavía es de día para otros.
Imagina que hace calor, mucho calor,

imagina que te encierran en un trapo,
que te ahogan en tela, en oscuridad,
imagina que suplicas dentro de esta colcha,
que tiendes la mano dentro del paño,
una mano que debe permanecer cubierta, basta,
    invisible,
si no quieres que te la destrocen o te la corten.
Imagina que nadie pone rubíes en tu mano invisible,
porque nadie puede verte la cara,
de manera que no existes.
Imagina que no encuentras a tus hijos,
porque han venido a por tu marido,
el único hombre al que has amado,
aunque haya sido un matrimonio concertado,
porque han venido y le han disparado con su propia
    pistola, que no encontraron.
Y tú intentaste defenderlo y ellos te pisotearon.
Cuatro hombres sobre tu espalda,
delante de tus hijos, entre sus gritos.
Imagina que te volviste loca,
pero no sabías que estabas loca
porque vivías bajo una colcha
y no habías visto el sol en años,

y te perdiste
y recordabas vagamente a tus dos hijas,
como en un sueño, como recordabas el cielo.
Imagina hablar siempre mascullando,
porque las palabras ya no se forman en las tinieblas,
y no lloras porque ahí dentro hace demasiado calor,
    demasiada humedad.
Imagina hombres barbudos a los que solo puedes
    descifrar
por su olor,
hombres que te miran los calcetines y te pegan,
porque son blancos.
Imagina que te dan de latigazos
delante de gente a la que no puedes ver,
imagina que te humillan profundamente
y que no hay un rostro asociado a ello
y no hay aire. Ahí dentro se hace más oscuro.
Imagina no tener visión periférica,
de manera que como un animal herido
no puedes defenderte
o siquiera esquivar los golpes.
Imagina que la risa estuviera prohibida
en todo el país, y la música,

y los únicos sonidos que oyeras
fueran los apagados sonidos del azud
o los gritos de otras mujeres bajo el látigo
dentro de su paño, dentro de su oscuridad.
Imagina que ya no pudieras distinguir
entre vivir o morir,
de manera que ya no intentas suicidarte
porque sería redundante.
Imagina no tener un lugar para vivir,
que tu techo fuera el paño
mientras vagas por las calles.
Y esa tumba
se fuera haciendo más pequeña y apestosa cada día,
que comenzaras a tropezar con todo.
Imagina que te asfixias mientras todavía respiras,
imagina que mascullas y gritas
dentro de una jaula
y nadie te oye.
Imagíname en el interior del interior
de la oscuridad que hay en ti.
Estoy atrapada ahí,
estoy ahí perdida,
dentro del paño

que es tu cabeza,
dentro de la oscuridad que compartimos.
Imagina que me ves.
Una vez fui hermosa.
Grandes ojos oscuros.
Me conocerías.

SACARON A LA NIÑA DE MI NIÑO
A GOLPES... O ESO INTENTARON

Para Calpernia y Andrea

A los cinco años
le estaba poniendo los pañales a mi hermana
    pequeña.
Le vi la vagina.
Deseé una.
Deseaba una.
Pensé que crecería.
Pensé que me abriría.
Anhelaba encajar,
anhelaba oler
como mi madre.

Su aroma vivía en mi pelo,
en mis manos, en mi piel.
Anhelaba ser bonita.
Bonita.
Me preguntaba por qué no llevaba
la parte superior del bikini en la playa,
por qué no iba vestida como las otras niñas.
Anhelaba estar completa,
anhelaba encajar,
hacer girar el bastón.
Me asignaron un sexo
el día que nací.
Fue tan aleatorio como que te adopten
o te den una habitación de hotel en la planta treinta.
No tiene nada que ver contigo, ni con quién eres
ni con tu miedo a las alturas.
Pero a pesar del aparato
que tenía que llevar a cuestas,
siempre supe que era una niña.
Me pegaron por ello.
Me pegaban por llorar,
me daban de puñetazos por desear
tocar

acariciar

abrazar

ayudar

cogerles la mano,

por intentar volar en la iglesia

como la hermana Bertrille,

por dar volteretas,

por hacer ganchillo,

por llevar bolsos a la guardería.

Me molían a palos todos los días

de camino al colegio.

En el parque

me destrozaban las uñas pintadas con rotulador,

me daban puñetazos

en la boca pintada con carmín.

Sacaban a palos a la niña

de mi niño,

o eso intentaban.

De manera que me pasé a la clandestinidad.

Dejé de tocar la flauta.

«Sé un hombre, defiéndete,

devuélvele el puñetazo.»

Me dejé crecer la barba.

Menos mal que era corpulento.

Me alisté en los marines.

«Aguanta y sigue adelante.»

Me volví más insensible,

más duro,

a veces cruel.

Macho,

macho,

más macho.

Siempre contraído, impreciso,

incompleto.

Me escapé de casa,

del colegio,

del campo de entrenamiento.

Hui a Miami,

a Greenwich Village,

a las islas Aleutianas,

a Nueva Orleans.

Encontré homosexuales,

lesbianas amantes de la naturaleza.

Recibí mi primera inyección de hormonas,

obtuve permiso para ser yo misma,

para hacer la transición,

para viajar,

para inmigrar.

Trescientas cincuenta horas de agujas calientes.

Podía ir contando las partículas masculinas que iban
  muriendo.

Dieciséis pelos de hombre menos.

Lo femenino está en el rostro.

Enarco más las cejas,

soy curiosa,

hago preguntas.

Y mi voz.

Practica, practica.

Todo está en la resonancia.

Trinos, canturreos.

Los hombres son planos y monótonos.

Los acentos del sur son excelentes,

los acentos judíos ayudan mucho.

«Hola, amiga mía.»

Y mi vagina es mucho más afable.

La adoro.

Me da alegría.

Los orgasmos vienen en oleadas.

Antes eran espasmódicos.

Soy una chica cualquiera.
Mi padre, teniente coronel, acabó
pagando
mi vagina.
Mi madre estaba preocupada
por lo que pensaran de ella, temía
que la hicieran culpable de esto,
hasta que fui a la iglesia
y todo el mundo dijo: tienes una hija
muy guapa.
Quería encajar,
al final pude ser suave,
se me permite escuchar,
se me permite tocar,
soy capaz de recibir,
de vivir en el presente.
Ahora la gente es mucho más agradable conmigo.
Puedo despertar por la mañana,
hacerme una coleta.
Se ha corregido un error.
Estoy en paz con Dios.
Es como cuando intentas dormir
y se oye la alarma estentórea de un coche:

cuando obtuve mi vagina fue como si por fin
alguien la hubiera apagado.
Ahora vivo en la zona femenina.
Pero ya se sabe lo que piensa la gente de los
    inmigrantes.
No les gusta que vengas de otro sitio,
no les gusta que te mezcles con ellos.
Mataron a mi novio.
Le dieron una paliza de muerte cuando dormía,
con un bate de béisbol.
Sacaron a golpes a esta chica
de su cabeza.
No querían
que saliera con una extranjera.
Aunque la extranjera fuera guapa
y escuchara y fuera amable.
No querían que se enamorase
de la ambigüedad.
Hasta ese punto les aterraba el amor.

*(Este fragmento está basado en entrevistas con
mujeres transexuales de toda América.)*

TRENZA TORCIDA

Para las mujeres de la nación Sioux Oglala

1

Él quería salir.
«Tú te quedas en casa», me dijo.
«Quería salir», dije.
«Tienes un bebé», dijo.
«El bebé es de los dos», dije.
Acosté al bebé.
Probablemente notara mi tensión
porque se puso a gimotear,
el bebé.
Alcé la vista

y me dio una bofetada, mi esposo.
No un golpe que te deja el ojo morado.
Eso vino después.
Fue un tortazo,
un tortazo doméstico y fuerte.
Me miró.
Sonriendo.
No me lo podía creer.
Sonreía.
Me volvió a abofetear.
Su padre era violento con su madre.
Le vi sonreír.
¿Qué era eso?
Era una persona de lo más amable.
Tenía el pelo negro y largo.
Cuando hacíamos el amor
se lo soltaba
antes.

2

Me llevó a la cena,
me hizo salir con su jefe.

Yo no quería ir.
Me dio un puntapié por debajo de la mesa,
me dijo que alegrara la cara,
que sonriera.
Sonreí.
Volvió a darme un puntapié,
me preguntó a quién intentaba
follarme, me dijo que parara
de insinuarme a todo el mundo.
Dejé de sonreír.
Volvió a darme un puntapié.
Así una y otra vez.
Al salir del restaurante
me agarró por el pelo
y me empujó contra el bordillo.
Había nevado.
Me enterró en nieve.
Me golpeó contra la alcantarilla.
La nieve se estaba derritiendo.
Chapoteaba.
Me pareció que el pelo me sangraba.

3

Él bebía.
Yo también.
Debí de perder el conocimiento.
Me desperté en el hospital
tras cinco operaciones cerebrales.
Me había quedado sin pelo.
Me lo habían rapado.
Tuve que volver a aprender a hablar
y a mover los brazos.
Tardé cuatro meses
en recordar cómo prepararme
el desayuno.
Recuerdo poner
el huevo en la sartén
con el beicon.
Sabía que el huevo se ponía allí
pero olvidé cascarlo.
El huevo tal cual en la sartén
con la cáscara.
Estaba calva.

4

Durante dieciocho años
me pegó.
Por la mañana
cuando volvía a ser tan amable
le hacía una trenza con el pelo.
Me tomaba mi tiempo
como si me interesara mucho,
y se la hacía totalmente torcida.
Trenzaba el cabello
de forma que estuviera de punta
todo alocado.
Entonces se marchaba
olvidando que los morados que
yo tenía en la cara eran
la huella de sus manos.
Caminaba todo chulo por la calle,
muy macho él por la carretera,
pero la trenza estaba tan torcida
que le quedaba tonta y fuera de lugar.
No debería haberme alegrado.
Lo cierto es que no debería haberme alegrado tanto.

5

Me enteré de que salía
con una mujer
y hacían el amor y que ella le atusaba
el pelo cuando él enloquecía
encima de ella.
Llegó a casa mucho más tarde
y llevaba el pelo trenzado
bien recto y prieto.
Perdió el conocimiento
de tanto beber.
Entonces me levanté
tijeras en mano
mientras roncaba
y me acerqué a él lentamente
y le corté la trenza,
de raíz,
y se la puse en la mano
de forma que cuando volvió en sí
gritó:
«¿Qué coño?
Voy a matarte.»

Y dio un salto,
pero le había atado los zapatos entre sí
para que no pudiera correr.
No volví
con él en tres años
hasta que me enteré de que le había vuelto a crecer el
    pelo.

6

No quería acostarme con él.
Estaba borracho.
Yo no era más que un trozo de carne
para él,
un agujero.
Intenté fingir que estaba dormida.
Me dio codazos, me zarandeó,
tiró de mí;
recuerdo pensar que era mejor acabar de una vez.
La tenía fofa y no paraba de embestir
y embestir hasta
que me dejó escocida.
«No he disfrutado», dije.

«¿Con quién has estado?», preguntó.

«¿La tenía más grande que yo? ¿Te gustó?»

Eres como un ratón con un león.

Tienes que dirigirte con rapidez

a la puerta.

Me levantó

como si fuera un trapo.

Tenía los ojos entumecidos.

Oí a mi hijo llorar,

tenía la boca abierta

y las amígdalas,

le veía las amígdalas.

Mi marido me dio una buena paliza.

Se envolvió la mano con mi melena negra

y me zarandeó la cabeza.

Intenté coger a mi hijo

«No es tu hijo», dijo,

sujetándome el pelo con la mano.

«Ya no es tu hijo.»

Ahora me llama en plena

noche

llorando.

No quería pegar a su mujer.

No quería darle una paliza.

Tiene tendencias suicidas.

Sabe por lo que pasó su madre.

Pero no es capaz de parar, mi hijo.

Nos arrebataron nuestra tierra.

Nos arrebataron nuestras costumbres

Nos arrebataron a nuestros hombres.

Queremos recuperarlos.

(Este fragmento está basado en entrevistas a mujeres indígenas de la reserva de Pine Ridge.)

DILO

Para las Mujeres de Consuelo

Nuestras historias solo existen
en el interior de nuestras cabezas
en el interior de nuestros cuerpos saqueados
en el interior de un tiempo y un espacio
 de guerra
y en el vacío
no hay rastro sobre el papel
nada oficial en los libros
solo conciencia
solo esto
Lo que nos prometieron:

Que salvaría a mi padre si iba con
   ellos
Que encontraría trabajo
Que serviría a mi país
Que me matarían si no iba
Que era mejor estar ahí
Lo que encontramos:
ni montañas
ni árboles
ni agua
arena amarilla
un desierto
un almacén lleno de lágrimas
miles de chicas preocupadas
mi trenza cortada contra mi voluntad
sin tiempo para llevar bragas
Lo que nos obligaron a hacer:
cambiarnos el nombre
llevar vestidos de una pieza
con un botón que se abriera con facilidad
cincuenta soldados japoneses al día
a veces era un barco lleno de ellos
Barbaridades extrañas

Hazlo incluso cuando sangramos
Hazlo joven antes de empezar a sangrar
Había tantos
algunos ni se quitaban la ropa
solo se sacaban el pene
tantos hombres que no podía andar
no podía estirar las piernas
no podía inclinarme
no podía
Lo que nos hicieron una y otra vez:
Maldecirnos
Azotarnos
Retorcernos
Rasgarnos el interior ensangrentado
Esterilizarnos
Drogarnos
Abofetearnos
Darnos puñetazos
Lo que vimos:
Una chica bebiendo sustancias químicas
    en el baño
Una chica muerta por culpa de una bomba
Una chica apaleada con un rifle una y otra vez

Una chica que corre de cabeza contra un
   muro
El cuerpo desnutrido de una chica arrojado
   al río
para que se ahogue
Lo que no se nos permitía hacer:
Lavarnos
Movernos
Ir al médico
Usar condón
Huir
Quedarme con mi bebé
Decirle que parara
Lo que pillamos:
Malaria
Sífilis
Gonorrea
Bebés nacidos muertos
Tuberculosis
Enfermedad coronaria
Crisis nerviosas
Hipocondría
Lo que nos daban de comer:

Arroz

Sopa de miso

Nabo encurtido

Arroz

Sopa de miso

Nabo encurtido

Arroz arroz arroz

Lo que devinimos:

Destrozadas

Herramientas

Estériles

Agujeros

Sangrientas

Carne

Exiliadas

Silenciadas

Solitarias

Lo que nos quedó:

Nada

Un padre conmocionado que nunca se recuperó
   y murió

Ningún sueldo

Cicatrices

Odio a los hombres

Sin hijos

Sin casa

El lugar que había ocupado un útero

Alcohol

Tabaco

Culpabilidad

Vergüenza

Los nombres que recibimos:

Ianfu: Mujeres de consuelo

Shugyofu: Mujeres de mala vida

Lo que sentimos:

El pecho todavía me tiembla

Lo que nos quitaron:

La primavera

Mi vida

Lo que somos:

74

79

84

93

Ciegas

Lentas

Preparadas
En el exterior de la embajada japonesa todos los
    miércoles
Ya no tenemos miedo
Lo que queremos:
Pronto
antes de que nos marchemos
y nuestras historias dejen este mundo,
marchaos de nuestras cabezas
gobierno japonés
dilo
por favor
lo sentimos, mujeres de consuelo
Dímelo
lo sentimos, a mí
lo sentimos, a mí
A mí
A mí
A mí
Dilo.
Di lo siento
Di que lo sentimos
Dímelo a mí

Veme

Dilo

Lo siento.

(Este fragmento está basado en los testimonios de las Mujeres de Consuelo.)

PARA MIS HERMANAS DE
PORTAUPRINCEBUKAVUNUEVAORLEANS

lo que el terremoto roto bombardeó
el dique desgastado superado inundado
    un verde amarillento brillante

mango manchado criando polvo cerdo descalzo y
    ligero

cabra que anda y cruza la basura apilada cemento
    día roto claro y caluroso historia hambrienta
    manos con grilletes goma que falta

chico que corta chica que corre sangrando

desplazados evacuados

agua exiliada que brota de la tierra casas

resquebrajadas caen

los guardas de EE. UU. apuntan a cualquier X

roja amarilla verde sin distintivos para el cuerpo

menuda compañía fría hombres que compran

tierras donde yacen cadáveres todavía calientes

desde abajo

lo que el dinero prometió nueve mil millones

veintinueve mil millones muchos miles de

millones

miles de millones que nunca llegaron x presidentes

que no aparecen

presidentes que corrompen a presidentes con cuatro

años con seis años con dieciocho años violadas

abierto

enelsuperdomecampamentoenelpuebloenllamas

lo que fueron ahorros bienintencionados resultan
inútiles

víctimas convertidas en víctimas víctimas tiendas
penetrables que se funden

alma de la piel qué mundo qué personas lo tienen
todo

sigue adelante mientras la basura engulle al chico
que escarba

niños que se hunden

mujeres que cargan sacos de carbón

sacos de patatas que llevan mini navajas se
amontonan bajo la luz

faldas de *pagne* coloridas cargando bebés sobre el
pecho a la espalda

cargando canciones bailes iglesias campos centros
hirientes

cargando posibilidad vientres seres palabras que
las mujeres cargan

en una mugre que eclipsa dificultades que eclipsan
lo que ahora sucede

Ahora mujeres de Nueva Orleans Haití Congo

o nunca mujeres que reclaman lo que cargan
reclamando lo que están cargando

mujeres con colores brillantes que lo cargan todo
cargadas seguirán...

Myriam Merlet fue activista y escritora. Era jefa de gabinete del Ministerio del Género y Derechos de la Mujer de Haití y fundadora de ENFOFANM, que recopila y divulga historias de mujeres y lucha por los derechos de estas a través de los medios. Era una mujer extraordinaria y apreciada, que llevó V-Day y Monólogos de la vagina *a Haití.*

Murió durante el terremoto de 2010.

MYRIAM

Myriam,
casi ha pasado un año
desde que empecé a llamarte
llamarte y llamarte
creyendo que el anillo
te encontraría y despertaría
tu celda sujeta todavía en tu mano enterrada.

Un año desde
esos días de salas de estar y extremidades

que explotaban
de la tormenta de cemento y hueso.

Esos días de bolsas para cadáveres
y de falta de bolsas para cadáveres
de bebés silenciosos vagando por los escombros
y de cavar como locos
y a veces gritos o a veces rezos.

Esos días justo después
de que Haití se hundiera
como una casa de estrellas
tú que la habías sostenido en alto
ahora, de repente, debajo de ella.

Myriam,
hay mujeres
en las calles, en coches
en campamentos, en tiendas de retazos andrajosos
mujeres apenas vestidas
agarradas por hombres hambrientos y airados
llenas de bebés que no son de ellas
hay mujeres que

a fin de trabajar
deben dejar
a sus hijas
mujeres con sangre en las piernas
a quienes aterroriza darse un baño.
Aquí hay mujeres esperando dormir
esperando puertas y tejados y paredes
o
hay mujeres que se niegan a esperar
mujeres que evocan tu recuerdo
tu nombre:

Te esforzaste para cambiar todo esto
como la profetisa bíblica
devuelta a tu tierra
pandereta en mano
para cantar las historias de tus mujeres.
Sabías que el futuro de Haití dependía de ello.

Tú y Magalie y Anne Marie y todas las demás
que derribaron puertas
que cambiaron los nombres de las calles, llenaron
las salas de juicios, hicieron leyes nuevas.

Es posible que vuestros cuerpos yazcan
entre el acero y el polvo
pero no perecisteis allí
no vamos a darnos por vencidas
cantamos vuestra canción
envalentonadas por vuestro nombre.
Myriam Merlet.
Myriam, Myriam.

EH, MISS PAT

Para Patricia Henry

y para las Guerreras del *Katrina* de Nueva Orleans y el Golfo Sur

Se acercan a mi puerta
Me gritan:
«Eh, miss Pat
¿Qué cocinas?»
Lo hacen todos los días.
Saben que no sé cocinar poca cantidad.
Cocino para todo el mundo. Cocino mucho.

Justo ahora era la madre de ese muchachote
Que pilló asma en el tráiler
Por culpa de todo el FEMAldehído.

Esos tráileres no estaban pensados para más
De veinte minutos
Y sin duda no tienen capacidad para
	hombretones.
Pobre mujer, estaba agotada de preocupación.
Le preparé un pescado frito y un poco de arroz
	sucio.

Nueva Orleans ya no es lo que era.
Solía ser bingo
Solía ser Walmarts abiertos a todas horas
Se podía comprar a medianoche o a la 1 de la
	madrugada
Solía tener costumbres relajadas
Cada vez que cobrabas un poco de dinero
Podías saldar algunas deudas
Ahora nadie ahorra para ningún futuro.

«Eh, miss Pat
¿Qué cocinas?»
Encontraron a su madre muerta la semana pasada
Con solo veintinueve años
Dijeron que había muerto de complicaciones

Pero eso es lo que dicen ahora
Cuando alguien se suicida
Su pobre madre nunca se recuperó después de las
    inundaciones
Oí decir que bebió algún producto de limpieza.

Si no hubiera nacido aquí, juro que recogería mis
    cosas y me marcharía
Mi hija es madre soltera
Cuanto más trabaja, menos tiene
No le alcanza para pagar las facturas
Ni para comprarle el anillo de graduación a su hija
Ni un vestido para el baile de fin de curso
Yo me siento mal
Pero lo aparto de mí.

«Eh, miss Pat
¿Qué cocinas?»
Es Mary, mi mejor amiga.
A veces me ayuda a cocinar
Creo que la ayuda a no pensar en otros temas
Hoy preparamos sándwiches para
La gente que pasa caminando por la segunda fila

Están matando a mi amiga Mary
Intentando sacarla de aquí
Le llaman ajuste energético. Le cobran un tanto
    al mes. Pero no tiene gas. Se le llevaron el
    contador.

Mi marido trabaja en la construcción
Ahora no tiene mucho trabajo
Será por la lluvia o por todos los hombres que
    trajeron a precio de saldo
De fuera de la ciudad.
Sujeta un maltrecho letrero todo el día y vende
    pacanas,
Un dólar la bolsa
Se ha transformado
Se ha quedado sin virilidad

La mayoría de los taxistas no traen a gente a nuestra
    calle
Dicen que podrían recibir un disparo o ser
    asesinados
Así que me pregunto en qué me convierte eso a mí
En una persona a prueba de balas o ya muerta.

«Eh, miss Pat
¿Qué cocinas?»
Es mi pastor
Quiere sopa de yakamein
Fideos cebolletas buey salsa de soja y huevos
Su mujer no sabe prepararla
Y seguro que no aprende
Me gusta ver feliz y saciado a mi pastor
Predica con más fuerza

Arreglamos el tejado de nuestra pequeña
    iglesia
Arreglamos el suelo
Mi pastor dice que lo
    superaremos
Dice que nos hará mejores que antes.

«Eh, miss Pat
¿Qué cocinas?»
La oigo llamándome a veces
Susurrando como loca en mi puerta
Miss Ruby que tenía ochenta y dos años y se comió
    todas mis gambas asadas

No me importó porque estaba delgada como un
    alambre
No quería ir a ningún otro sitio
Se quedó demasiado tiempo subida a la azotea
El agua se la llevó
Pero está aquí
Igual que las demás
Susurrando en mi puerta
Eh, miss Pat
Miss Pat
Tengo hambre
Intento llegar a casa.

Me llamas a gritos desde la verja, vale
Te daré algo de comer
Estoy cocinando un remedio
Estoy cocinando una ira salvaje
Estoy cocinando un dique que aguante
Y un gobierno que se preocupe
Añado agua y sal y
Una pizca de rebeldía
Estoy cocinando dolor
Y familia

Estoy cocinando gumbo ocra jambalaya
    macarrones con queso rosbif y resistencia
Estoy cocinando especias y antepasados
Y un derecho y una manera de permanecer en este
    lugar
Estoy cocinando
Oh estoy cocinando
Estoy cocinando.

ESTOY HARTA

Estoy harta de las violaciones.
Estoy harta de que las violaciones se produzcan a
plena luz del día.
Estoy harta de la cultura de la violación, de la
mentalidad de la violación.
Estoy harta de las páginas sobre violaciones en
Facebook.
Estoy harta de las miles de personas que firmaron
esas páginas con su verdadero nombre sin
avergonzarse.
Estoy harta de la gente que exige su derecho a violar

páginas, y lo llaman libertad de expresión, o que lo justifican como un chiste.

Estoy harta de oír que carezco de sentido del humor, y que las mujeres no tienen sentido del humor, cuando la mayoría de las mujeres que conozco son extraordinariamente divertidas. Lo que ocurre es que no nos parece que los penes no deseados en nuestro ano o nuestra vagina sean para partirse de la risa.

Estoy harta de lo mucho que tarda todo el mundo en dar una respuesta cuando se trata de violaciones.

Estoy harta de los cientos de miles de mujeres en el Congo que siguen esperando que acaben las violaciones y que los violadores reciban su merecido.

Estoy harta de los miles de mujeres de Bosnia, Birmania, Pakistán, Sudáfrica, Guatemala, Sierra Leona, Haití, Afganistán, Libia, di un lugar cualquiera, que siguen esperando justicia.

Estoy harta de que las violaciones se produzcan a plena luz del día.

Estoy harta de las clínicas de tortura de Ecuador que apresaron, violaron y torturaron a lesbianas para convertirlas en heteros.

Estoy harta de que una de cada tres mujeres del ejército de Estados Unidos sea violada por sus supuestos «compañeros».

Estoy harta de las fuerzas que niegan a las mujeres víctimas de violación el derecho a abortar.

Estoy harta de que en la asociación de estudiantes de la Universidad de Vermont se vote a quién gustaría más violar.

Estoy harta de que las víctimas de violación vuelvan a ser violadas cuando denuncian su caso.

Estoy harta de que se viole a mujeres somalíes hambrientas en el campamento de refugiados de Dadaab en Kenia, y estoy harta de que se viole a mujeres en Occupy Wall Street y haya que callar porque estaban protegiendo un movimiento que lucha para acabar con el saqueo y violación de la economía y de la Tierra, como si la violación de sus cuerpos fuera algo distinto.

Estoy harta de que las mujeres callen cuando son violadas porque se les hace creer que es culpa de ellas.

Estoy harta de que la violencia contra las mujeres no sea una prioridad internacional cuando una de cada tres mujeres será violada o maltratada a lo largo de su vida: la destrucción y mutismo y el socavamiento de las mujeres es la destrucción de la vida misma.

Sin mujeres, no hay futuro, obvio.

Estoy harta de esta cultura de la violación donde los privilegiados con poder político y físico y económico toman lo que y a quien quieren, cuando lo quieren, tanto como quieren, siempre que quieren.

Estoy harta de la infinita resurrección de las carreras de violadoras y explotadores sexuales: directores de cine, líderes mundiales, ejecutivos de empresa, estrellas de cine, atletas...

mientras la vida de quienes violaron queda
para siempre destruida, y a menudo obligan
a las mujeres a vivir en un exilio social y
emocional.

Estoy harta de la pasividad de los hombres buenos.
¿Dónde coño estáis?
Vivís con nosotras, hacéis el amor con nosotras, sois
nuestros padres, sois nuestros amigos, nuestros
hermanos, os alimentamos, os mimamos y os
apoyamos eternamente, así pues ¿por qué no os
posicionáis con nosotras? ¿Por qué no
enloquecéis y actuáis ante las violaciones y
humillaciones que sufrimos?

Estoy harta de años y más años de estar harta
de violaciones
y de pensar sobre las violaciones todos los días de
mi vida desde que tengo cinco años
y de enfermar por culpa de la violación, y estar
deprimida por la violación, y colérica por la
violación
y de leer mi bandeja de entrada descabelladamente

repleta de historias horrorosas sobre violaciones
a todas horas todos los días.
Estoy harta de ser educada con respecto a la
violación. Hace ya demasiado tiempo, hemos
sido demasiado comprensivas.

Necesitamos gente que realmente intente imaginar
—de una vez por todas— lo que se siente cuando
te invaden el cuerpo, cuando se te astilla la
cabeza, se te quiebra el alma.
Necesitamos OCUPAVIOLACIÓN en todas las
escuelas, parques, radios, cadenas de TV,
hogares, oficinas, fábricas, campos de refugiados,
bases militares, trastiendas, locales nocturnos,
callejones, salas de juicios, oficina de la ONU.

Porque estamos hartas.

MI REVOLUCIÓN EMPIEZA EN EL CUERPO

Para las mujeres de Tondo, Filipinas

Mi revolución empieza en el cuerpo
No espera más
Mi revolución no necesita aprobación ni
    permiso
Ocurre porque tiene que ocurrir en cada
    barrio, aldea, pueblo o ciudad
En las reuniones de tribus, estudiantes, mujeres
    en el mercado, en el autobús
Quizá sea gradual y tranquila
Quizá sea espontánea y chillona
Quizá ya esté pasando

Quizá se encuentre en tu armario, en tus cajones,
en tu vientre, en tus piernas, en tus células que se
multiplican
En la boca desnuda de pezones erectos y
pechos desbordantes
Mi revolución se abomba por el martilleo
insaciable entre mis piernas
Mi revolución está dispuesta a morir por esto
Mi revolución está dispuesta a vivir a lo grande
Mi revolución está derrocando al estado
mental llamado patriarcado
Mi revolución no será coreografiada
aunque empieza con unos cuantos pasos
conocidos
Mi revolución no es violenta pero no elude
las aristas peligrosas donde las muestras
feroces de resistencia tropiezan con
algo nuevo

Mi revolución está en este cuerpo
En estas caderas atenazadas por la misoginia
En esta mandíbula enmudecida por el hambre y la
atrocidad

Mi revolución es

Conexión no consumo

Pasión no beneficio

Orgasmo no propiedad

Mi revolución es de la tierra y vendrá de ella

Para ella, por ella

Comprende que cada vez que fracturamos o
perforamos

O quemamos o violamos las capas de su carácter
sagrado

Violamos el alma de nuestro futuro

Mi revolución no se avergüenza de presionar mi
cuerpo contra

Su suelo embarrado delante de

Banianos, cipreses, pinos, kalayaan, robles, castaños

Moreras, secuoyas, sicomoros

De inclinarse sin vergüenza ante asombrosas aves
amarillas y cielos de un azul rosado al atardecer,
de buganvilla púrpura explosiva y aguamarina

Mi revolución besa con gusto los pies de las madres
y enfermeras y sirvientas y limpiadoras y niñeras

Y curanderas y todas las que son vida y dan vida

Mi revolución está de rodillas

Me arrodillo ante todo lo sagrado

Y ante quienes soportan cargas fruto del imperio

En y sobre sus cabezas y espaldas y

Corazones

Mi revolución exige desenfreno

Espera el original

Confía en alborotadores, anarquistas, poetas,
    chamanes, videntes, exploradores sexuales

Viajeros místicos, funambulistas y quienes
    van demasiado lejos y sienten

En exceso

Mi revolución aparece de improviso

No es ingenua pero cree en los milagros

No puede categorizarse especificarse marcarse

O ni siquiera ubicarse

Ofrece profecía y no preceptos

Está determinada por el misterio y el júbilo

Exige escuchar

No está centralizada aunque todos sabemos
    adonde vamos

Ocurre por etapas y toda a la vez

Ocurre donde vives y en todas partes

Comprende que las divisiones son distracciones

Exige sentarse inmóvil y contemplar la profundidad
   de mis ojos

Adelante

Ama.

ENTONCES NOS PUSIMOS A SALTAR

En el sueño aparece
Y se sienta frente a mí
A algo que parece una mesa
Pero que tiene una constelación de estrellas
pintada encima
Lleva su viejo suéter amarillo
El que solía llevar solo en casa
Y se le ve intranquilo
Más viejo de lo que recuerdo
Y triste
Realmente triste

Recuerdo su tristeza
Yo viví en su tristeza
Como una niebla
Como un virus
Le entregué mi cuerpo
Para ahuyentar la tristeza
Tomó mi cuerpo para aligerar la tristeza
Y cuando no funcionó
Me dejó tan triste como él.

Pero aquí y ahora en la mesa con las estrellas
Y con la galaxia descendente que parece
Cobrar vida entre nosotros
Sé a ciencia cierta que su tristeza le pertenece
Y ni me aparto
Ni me acerco
Siento una extraña seguridad
Alzo la vista y me percato
De que hay un círculo vasto
De miles quizá millones
De personas sentadas a nuestro alrededor
Y estamos en un lugar parecido
a un coliseo

y la gente es paciente y espera tranquila

algunas mujeres tejen manoplas de cocina y otras
    banderas rojas

unas cuantas mujeres se inclinan hacia delante
    sentadas

fumando cigarrillos

otras van tocadas con curiosos sombreros

casi como si fueran payasos

no son el tipo de gente

con el que mi padre habría hablado

y lo saben

pero no son antipáticas

de repente mi padre se molesta

se enfada tal como se ponía

impaciente enfadado y dice con cara de pocos
    amigos:

«¿Qué buscas?»

Se le ve tan pequeño tan frágil

Sé que no me corresponde salvarle

Y entonces este silencio

se apodera de nosotros

una jarra de luz

líquida

a nuestro alrededor
que nos sujeta, que nos contiene
y salido de ninguna parte
este coágulo, este coágulo sucio sanguinolento
    transparente
lleno de ruidos agudos y retazos de crueldad
    (puños, tijeras, hojas de afeitar, palabras como
    «idiota», «odio», «nunca podrás...», etc.)
empiezan a salir de mí
de todas las partes de mi cuerpo
a brotar de mí
formando
un coágulo enorme
y flota como una nube de lluvia turbia
que se cierne sobre la cabeza de mi padre
como si esperara algo
y mi padre tarda un instante
alza la vista
y entonces se limita a abrir la boca
tan natural, tan fácil
y recibe mi río de dolor, se lo traga entero
y toda la gente empieza a vitorear
a vitorear con fervor y a cantar

y a bailar

No puedo quitarle los ojos de encima

Mi padre se hincha tanto

las mejillas infladas y rojas

casi a punto de explotar

no es capaz de aguantar mucho más

y entonces estas lágrimas rojas empiezan

a surcar las mejillas de mi padre

Estoy un poco asustada, parece que llora sangre

Pero la gente sigue vitoreando

Es tan alentador

Esto se prolonga un rato

Mi padre que derrama y derrama lágrimas rojas
    como la sangre

Y mientras miro porque no voy a dejar
    de mirarle

Mi padre de repente se convierte en un joven

y no está triste

es deslumbrante y listo y juguetón

me toma de la mano

y me lleva caminando al centro

del coliseo, que ahora

es un campo de hierba alta que cosquillea

azotado por un viento casi histérico
y empezamos a saltar a saltar
a saltar como locos
Me cuesta creer lo mucho que saltamos
La tierra es un trampolín y no me asusta
ir cada vez más alto

Cuando me despierto pienso
Oh, esto es. La justicia es esto.

V-DAY

DILO, LLÉVALO A ESCENA: V-DAY EN LA VEINTENA

Susan Celia Swan, directora ejecutiva de V-Day

Purva Panday Cullman, directora sénior de programas

de V-Day

Hace veinte años, la obra de teatro de Eve Ensler *Monólogos de la vagina* originó V-Day, un movimiento de concienciación global para poner fin a la violencia contra todas las mujeres y niñas. La obra y la dramaturga fueron toda una explosión en escena, lo cual dio lugar a titulares y críticas entusiastas y llenaron el teatro noche tras noche, rompiendo tabúes, abriendo espacios de diálogo allá donde no habían existido con anterioridad y quebrando el silencio que rodea a las experiencias femeninas con respecto a la sexualidad y la violencia. Fue rompedor. En 2006, *The*

New York Times consideró *Monólogos de la vagina* «probablemente la obra de teatro político más importante de la última década», y desde ese momento, la obra y Eve han recibido numerosos reconocimientos, desde un premio Obie a un Tony.

El descaro de la obra —basada en las más de doscientas entrevistas a mujeres que Eve realizó— abrió un resquicio en la represión, la negación, los secretos, la vergüenza y el autodesprecio que la violencia sexual y de género han provocado. Despertó conciencias a través del humor y la empatía. La energía que destilaba la obra llevó a la creación de V-Day, en el que, cada año, personas de todo el planeta llevan a escena producciones benéficas de *Monólogos de la vagina*, así como otras obras artísticas y campañas, para recaudar fondos y concienciar a las mujeres y grupos de activistas que trabajan para poner fin a la violencia contra todas las mujeres y niñas —cisgénero, transgénero y no conformes con su género.

V-Day enseguida se convirtió en un movimiento activo y masivo en todos los continentes. Ha devenido un catalizador crucial en la lucha global para detener la violencia a consecuencia del género, atacando el silencio —público y privado— que permite que la violencia contra las mujeres continúe, y llamando la atención acerca de cuestiones como el acoso, la violación, el maltrato físico, la mutilación genital femenina y la esclavitud sexual.

Las activistas de V-Day han llevado a cabo una labor inagotable desde las bases para combatir la cultura de la violación, y a menudo se han enfrentado a una resistencia misógina brutal. V-Day ha recaudado más de cien millones de dólares para construir hogares seguros, salvar vidas, cambiar leyes y financiar centros de asistencia a mujeres violadas, refugios para víctimas de violencia doméstica y grupos de activistas que se dedican a la labor esencial de acabar con la agresión al tiempo que brindan apoyo a las víctimas y a sus familias. Las activistas de V-Day, conectadas a escala global por el movimiento y la obra de teatro, han combinado el arte y el activismo hasta un extremo nunca visto.

Monólogos de la vagina nos recuerda con cada representación que lo personal es político, que hablar claro puede ser un acto de resistencia. Aunque los orígenes de la violencia son variados, las mujeres que han sobrevivido relatan haberse enfrentado a retos similares. Aparte del dolor y de la fortaleza presente en sus historias de supervivencia, hemos visto cómo aparecen los mismos temas: indiferencia de las autoridades, negación y secretismo de la familia, falta de indignación pública acerca de la violencia que sufren más de mil millones de mujeres y niñas, indiferencia absoluta por las más marginadas, y prevalencia y normalización de la cultura de la violación.

Mientras escribimos esto, se está librando una guerra contra las mujeres, y *Monólogos de la vagina* tiene la misma relevancia de siempre. Según informes recientes de la Organización Mundial de la Salud, los Centros para la Prevención y Control de Enfermedades y las Naciones Unidas, una de cada tres mujeres del planeta sufrirá violencia física o sexual a lo largo de su vida. Estamos hablando de más de *mil millones* de mujeres.*

Una ley mordaza global bajo la presidencia de Donald Trump en Estados Unidos supone un ataque contra el cuerpo de las mujeres y, tal como ha dicho

* *unwomen.org/en/what-we-do/ending-violence-against-women/facts-and-figures*

la Coalición Internacional para la Salud de la Mujer, «revertirá décadas de progreso en salud reproductiva, maternal e infantil, lo cual provocará un aumento de embarazos no deseados, abortos inseguros y muertes de parturientas y recién nacidos en todo el mundo».* Los embarazos no deseados fomentarán el matrimonio infantil y la violación de menores, lo cual agravará la desigualdad bajo la que ya viven tantas mujeres y niñas.

En el ámbito educativo, las niñas también se ven relegadas. Las costumbres culturales y la pobreza implican que la escuela quede fuera del alcance de muchas niñas, mientras que las que sí acceden a la educación, desde la escuela infantil hasta la universidad, se enfrentan a acoso y agresiones. Basta con hablar con estudiantes de nuestra época para conocer las agresiones constantes a las que se ven sometidas en el entorno escolar y la impunidad y desigualdad en el seno de los sistemas judiciales a los que tienen acceso.**

* *iwhc.org/2017/01/global-gag-rule-trumps-week-one-attack-women*

** *nytimes.com/2017/07/31/world/australia/shocking-levels-of-sexual-violence-found-on-australian-campuses-report-says.html*

La inestabilidad política y los conflictos armados, instigados por fuerzas religiosas, étnicas, nacionalistas y económicas, aumentan todavía más el riesgo de sufrir tal violencia, dado que las violaciones, los maltratos físicos y las esclavas sexuales se emplean como armas de guerra. Al mismo tiempo, la condición de inmigrante, el sesgo racial, la transfobia y la homofobia, así como la desigualdad económica sitúan a las mujeres en condiciones laborales peligrosas, donde a menudo tienen que soportar actos de violencia como parte del trabajo. La desestabilización del clima del planeta produce una inseguridad que a menudo deja a las mujeres vulnerables a la violación y violencia tras las catástrofes climáticas y tormentas cada vez más impredecibles.* Independientemente de que se enfrenten a acoso, maltrato físico o a una situación inestable, las mujeres suelen verse atrapadas en tales circunstancias porque necesitan sobrevivir y asegurar también la supervivencia de sus familias.

La labor de V-Day a escala global ha puesto de manifiesto que en medio de grandes traumas afloran

* *huffingtonpost.com/entry/climate-change-threat-women-health-security_us_573f5850e4b045cc9a70ecf3*

grandes posibilidades. A pesar de la tendencia de las comunidades y las familias a negar la existencia de violencia, las mujeres y las niñas sobreviven a lo impensable y, de forma milagrosa, encuentran la manera de lidiar con ello, a menudo con muy poco o ningún apoyo. Si bien vivimos en una época peligrosa, V-Day considera que tenemos a nuestro alcance un cambio cultural mundial que ayude a acabar con las manifestaciones de violencia contra mujeres y niñas, y que aborde los temas interrelacionados de raza, clase y género. Para que tal cambio se produzca, hay que replantear de forma efectiva la conversación sobre la violencia de género. V-Day empezó con historias de mujeres: sus experiencias y su deseo de terminar con la violencia y llevar una vida sexualmente libre. Consideramos que si escuchamos a las mujeres, abordamos el impacto de la cultura de la violación y empleamos un paradigma intersectorial, favoreceremos la aparición de una conciencia distinta en todo el mundo.

Nunca podríamos haber imaginado el fruto que han dado estos veinte años de V. Hemos visto cómo algunas mujeres se convertían en líderes de la comunidad y globales después de haber producido los monólogos o de haberlos representado sobre el escenario. Hemos visto la intersección de temas sociales, económicos, medioambientales y políticos y cómo la violencia contra mujeres y niñas guarda una estrecha relación con los retos globales a los que se enfrenta nuestro planeta en la actualidad. Hemos visto que al situar el arte en el centro de su activismo, las activistas de V-Day han sostenido y hecho crecer un movimiento sin parangón en nuestro planeta.

V-Day ha llenado estadios y llevado una obra de teatro subversiva a escenarios igual de importantes, desde el Madison Square Garden hasta una representación clandestina en Islamabad, de los escalones de la Michigan State House a los parlamentos nacionales. Ha obtenido apoyos y arrojado luz sobre estos temas y sobre las desigualdades sistémicas que tienen un profundo impacto en las mujeres y en las poblaciones marginadas, que históricamente han recibido menos recursos e incluso menos atención. Estos temas son sumamente variados: desde la violencia desenfrenada contra las mujeres nativas americanas y las de las Naciones Originarias en Estados Unidos y Canadá hasta la brutalidad de la violencia sexual en la República Democrática del Congo, pasando por la violencia y abusos policiales contra las afroamericanas en Estados Unidos. El movimiento ha abierto y financiado hogares seguros —verdaderos lugares de comunidad y transformación—, en todo el mundo, desde Afganistán hasta Kenia, y ha salido a la calle para exigir el fin de todas las formas de violencia, de Juárez a Nueva Orleans, pasando por Manila. Ha inspirado a mujeres y hombres a alzarse en solidaridad desde La Habana hasta Zagreb, en los campus universitarios, en los lugares de culto y de gobierno, en los lugares más improbables. Ha reunido a activistas para que crearan estrategias en situaciones críticas, después de desastres o guerras. Y siempre ha vuelto a nuestra base —el arte—, empleando la danza, el cine, la fotografía, la música y, por supuesto, el teatro para movilizar a las personas desde dentro.

Eve Ensler dio a luz *Monólogos de la vagina* por escrito y luego preparó el terreno para las líderes de las bases, que se apropian de la obra, creando así movimientos locales vinculados a una visión y red globales. Las líderes locales de V-Day determinan cómo abordar la violencia en sus casas, en sus comunidades y en sus instituciones. Año tras año se dedican a la ardua labor de terminar con la violencia de acuerdo con sus propias normas.

En la actualidad, V-Day es un ejemplo de cómo las personas de a pie que hacen cosas extraordinarias fomentan un cambio cultural y social duradero. De cómo las mujeres locales son quienes mejor conocen las necesidades de sus comunidades. Y de cómo la dimensión colectiva del arte tiene el poder de transformar el pensamiento y hacer que la gente actúe y sirva, movilizándola de un modo sorprendente y revolucionario.

V-Day vive en el ámbito celular, en el corazón y la mente de las personas. Gana impulso desde las bases, en las acciones individuales y colectivas. Es una energía que escapa al dominio de una sola persona, un catalizador, un movimiento, un experimento continuado, un hermoso misterio que solo el arte podía crear.

Historia de V

La V de V-Day significa «victoria», «Valentín» y «vagina». La labor de V-Day se asienta sobre cuatro pilares básicos:

1. El arte tiene el poder de transformar el pensamiento e inspirar a las personas a actuar.
2. El cambio social y cultural duradero se difunde a través de personas normales que hacen cosas extraordinarias.
3. Las mujeres locales saben qué necesitan sus comunidades y pueden convertirse en líderes imparables.
4. Debemos analizar la intersección de clase, catástrofe medioambiental, género, imperialismo, militarismo, patriarcado, pobreza, racismo y guerra para comprender la violencia contra las mujeres en su totalidad.

Las actividades de V-Day tienen por objetivo atacar el silencio —público y privado— que permite que la violencia contra las mujeres continúe. V-Day ofrece una vía de acción a través de producciones de *Monólogos de la vagina* y otras obras escritas u organizadas por Eve Ensler y V-Day (incluyendo *Cualquiera de nosotras: palabras desde la prisión*; *Un recuero, un monólogo, un delirio y una oración*; *I Am an Emotional Creature*; y *Swimming Upstream*). Casi cada año desde 2002, Eve escribe un nuevo monólogo para Spotlight a fin de abordar temas actuales que afectan a la mujer, actualizando así el guion de V-Day.

Con creatividad y visión, las activistas de V-Day de todo el mundo conciencian y recaudan fondos para poner fin a la violencia contra mujeres y niñas en su comunidad y a escala mundial. Los actos de V-Day se han celebrado por todos los estados de Estados Unidos, y en más de doscientos países y territorios. Desde 1998, activistas voluntarias de Estados Unidos y el mundo entero han producido miles y miles de representaciones benéficas de V-Day.

Estas representaciones no han hecho más que empezar. V-Day representa beneficios a gran escala y produce encuentros, películas y campañas innovadores para educar y ayudar a cambiar las actitudes sociales con respecto a la violencia de género. En veinte años, el movimiento de V-Day, una organización benéfica calificada como 501(c) (3), ha recaudado más de 100 millones de dólares, ha educado a millones de personas acerca de la cuestión de la violencia de género y los esfuerzos para terminarla, a través de campañas públicas, educativas y en los medios de comunicación a escala internacional y financiando más de trece mil programas anti-violencia comunitarios y hogares seguros en Afganistán, Congo, Irak y Kenia. Durante este tiempo, *Monólogos de la vagina* se ha traducido a más de cuarenta y ocho lenguas y a braille, y los han representado mujeres con todo tipo de capacidades.

Además, V-Day ha dado lugar a otro movimiento social: One Billion Rising. Cada 14 de febrero, invitamos a mil millones de mujeres que hayan sido víctimas de violencia, y a cualquiera que desee solidarizarse con ellas, a alzarse como una sola, en un movimiento de danza para recuperar sus cuerpos y de activismo político para recuperar a sus sociedades. Queremos mostrar a nuestras comunidades locales y al mundo cuánto son mil millones y arrojar luz sobre la impunidad e injusticia descontroladas con las que suelen enfrentarse las víctimas. Nos alzamos a través de la danza para expresar júbilo y comunidad y celebrar el hecho de que esa violencia no nos haya derrotado. Nos alzamos para mostrar nuestra determinación para crear un tipo de conciencia nuevo, en el que la violencia se combata hasta que resulte impensable. Nos alzamos para imaginar y atraer un mundo nuevo.

Al comienzo

En 1994, Eve Ensler, activista, actriz y dramaturga residente en Nueva York, escribió una obra de teatro ficticia, honesta, desgarradora y humorística basada en más de doscientas entrevistas que había realizado a una amplia gama de mujeres. Ella misma escenificó la obra, *Monólogos de la vagina*, por vez primera en 1996, y recibió elogios inmediatos; allá donde se representaba se acababan las entradas. Eve representó la obra durante seis meses en Nueva York y luego la llevó de gira.* Después de cada actuación, infinidad de mujeres se le acercaban para compartir sus historias de supervivencia de la

---

* Después de la serie de Eve, la obra continuó representándose cuatro años y medio más en los teatros de off-Broadway, con un reparto de tres actores que actuaban cada noche. A fin de que las mujeres que salían al escenario representaran la diversidad de las historias que se contaban y los retos a los que estas se enfrentan a escala global, Eve dejó estipulado en el contrato que los productores debían contratar a mujeres de orígenes raciales distintos. Eve y los productores llegaron al acuerdo de que cinco dólares de cada entrada vendida se donaría a V-Day, con lo que se aumentaban los recursos esenciales necesarios para lanzar el movimiento.

violencia a manos de familiares, amantes y desconocidos. Abrumada por la cantidad de mujeres y niñas que habían sufrido violencia, y motivada a hacer algo al respecto, empezó a plantearse *Monólogos de la vagina* como obra de arte más provocadora; podría ser un mecanismo de movilización de las personas para orientarse a favor del fin de la violencia.

Eve, junto con un grupo de voluntarias residentes en Nueva York, fundaron V-Day el día de San Valentín de 1998. El primer V-Day estuvo marcado por una representación benéfica de *Monólogos de la vagina* repleto de estrellas y con las entradas agotadas en el Hammerstein Ballroom de la ciudad de Nueva York. En una sola noche recaudaron 250.000 dólares y así nació el movimiento V-Day. Tres años más tarde, el 10 de febrero de 2001, se agotaron las 18.000 entradas para la función benéfica de *Monólogos de la vagina* en el Madison Square Garden, gracias a lo que se recaudó un millón de dólares. El mundo tomaba nota.

Un movimiento universitario

El interés llegó a los campus universitarios de Estados Unidos, y en 1999 V-Day lanzó su Campaña Universitaria, que invitaba a grupos de estudiantes a producir y representar funciones benéficas de *Monólogos de la vagina*. Inspiradas por la obra y su misión, enseguida aparecieron miles de activistas: jóvenes de ambos sexos que se vieron abocados a reunir personas a favor de una causa, a dirigirse a grupos y medios de comunicación acerca de sus actos y a liderar un equipo en una campaña de concienciación social y de recaudación de fondos. En aquel primer año, hubo sesenta y cinco producciones universitarias de V-Day. Al igual que con la producción de off-Broadway original, V-Day alentaba a tales producciones a ser diversas en cuanto al reparto y el equipo de producción y, siguiendo el espíritu de la inclusión, pidió que no se rechazara a ningún voluntario/a. La campaña creció de forma exponencial a lo largo de los cinco años siguientes, y hacia 2007 más de setecientas universidades se registraron para participar.

Con los años, la Campaña Universitaria ha desempeñado un papel crucial en la creación de comunidades antiviolencia en los campus agrupando mujeres y hombres comprometidos, conscientes y empoderados dispuestos a hacerse oír contra la violencia. Estos activistas han introducido programas duraderos y actividades en sus campus, tales como festivales anuales de una semana de duración, zonas libres de violencia y charlas abiertas a lo largo de veinticuatro horas para acabar con las violaciones. Los estudiantes de la Arizona State University recaudaron quince mil dólares para abrir Home Safe, un programa en el campus de prevención y educación contra la violencia sexual; y SAFER (Estudiantes Activos para Acabar con la Violación, en sus siglas en inglés), creado a través de V-Day en la Universidad de Columbia, ayudó a los estudiantes a cambiar las políticas universitarias con respecto a la prevención de violaciones, además de tener un alcance nacional.

La dedicación de V-Day para poner fin a la violencia sexual en los campus universitarios llevó a la creación en 2008 del Proyecto de Responsabilidad en el Campus (en colaboración con SAFER) que fue una iniciativa temprana para la introducción de la ley de Responsabilidad y Seguridad en los Campus de julio de 2014, promovida por las senadoras estadounidenses Kirsten Gillibrand y Claire McCaskill. En muchos sentidos, la Campaña Universitaria ha propiciado que una generación de mujeres y hombres jóvenes imaginen un nuevo paradigma para la acción social. No es extraño ver V-Day mencionado con orgullo en los perfiles de Facebook o LinkedIn y en currículums de recién graduados. Pertenecer al movimiento V-Day implica un compromiso de por vida a favor de la justicia para mujeres y niñas en todas partes.

Escala global

Gracias al reconocimiento de la Campaña Universitaria, los activistas comunitarios y teatros locales así como grupos antiviolencia conocieron el movimiento. Como consecuencia de ello, en 2001 la Campaña Mundial* empezó a tomar forma. Al igual que los estudiantes universitarios organizan funcio-

* La Campaña Mundial recibe el nombre actual de Campaña Comunitaria.

nes benéficas de *Monólogos de la vagina*, lo mismo hacen comunidades de todo el mundo. De los 41 actos en 2001 hemos pasado a cientos al año en la actualidad, la campaña cobra vida cada año gracias al compromiso inigualable y al ingenio de los activistas de las bases.

Los fondos recaudados por los organizadores de la Campaña Comunitaria de V-Day han impedido el cierre de centros de crisis tras violaciones y de muchas otras organizaciones que trabajan para detener la violencia de género; les ha ayudado a ampliar los servicios que ofrecen y a influir en los procesos judiciales a favor de las mujeres. A continuación se presentan algunos ejemplos:

- En 2003, la recaudación de una función local de *Monólogos de la vagina* que se representó en Nairobi, Kenia, ayudó a reabrir un refugio para mujeres que había cerrado sus puertas debido a la falta de financiación.
- En las zonas rurales de Borneo, el activismo de V-Day ayudó a garantizar que la vista de los casos de violación se celebrara en los tribunales

en vez de en los «tribunales nativos», para que los derechos de las víctimas estuvieran mejor representados.

- En 2003 en Manila, los actos de V-Day organizados por la New Voice Company y legisladoras filipinas, así como representantes del Senado y de la Cámara de Representantes de Filipinas llevó a la aprobación de legislación clave para combatir la violencia doméstica y el tráfico sexual.

- En 2007, la Cámara de Representantes de Estados Unidos aprobó una medida muy esperada que solicitaba una disculpa por parte de Japón a las «mujeres de consuelo», término que hace referencia a entre cincuenta mil y doscientas mil niñas y jóvenes de China, Taiwán, Corea, Filipinas, Indonesia, Malasia, Holanda y Timor Oriental que fueron raptadas y obligadas a ser esclavas sexuales al servicio de los militares japoneses en «estaciones de consuelo» entre 1932 y 1945.

- En 2016, dos jóvenes fundadoras de un grupo llamado Mightee Shero Productions desarrollaron y produjeron una gira de representaciones de *Monólogos de la vagina* en correccionales de la ciudad de Nueva York. Un grupo de ex reclusas, administradores de prisión, actores y activistas viajaron a cinco centros para concienciar y dar apoyo a las reclusas, acto que culminó en una gala benéfica de una sola noche, cuya recaudación se dedicó a la financiación de la Organización de Prisiones de Mujeres.

- Ese mismo año, las activistas de Kampala consiguieron presentar la primera producción exitosa de *Monólogos de la vagina* en Uganda, tras varios intentos fallidos desde 2005. La recaudación fue para financiar Mifumi, un grupo que hace campaña para eliminar la práctica de poner precio a las esposas y la violencia doméstica en las comunidades rurales.

Poner el foco

En 2001, en colaboración con y a petición de activistas sobre el terreno en Afganistán, V-Day lanzó una campaña llamada «Afganistán está en todas partes». Esta iniciativa ofreció a organizaciones de todo el mundo noticias e información actualizada sobre la experiencia de mujeres afganas bajo el régimen talibán, que compartían en sus actos para educar y comprometer a una amplia red de comunidades y públicos. El 10 por ciento de la recaudación de cada actividad, más de 250.000 dólares en total, se destinó a grupos de mujeres afganas para ayudarles a abrir escuelas y orfanatos y ofrecerles educación y servicios sanitarios.

El éxito de esa campaña fue el germen de la «V-Day Spotlight Campaign». Desde «Afganistán está en todas partes», las V-Day Spotlight Campaigns han incluido a mujeres nativas americanas y de las Naciones Originarias, a las mujeres desaparecidas y asesinadas de Juárez, México, a las mujeres de Irak, la Campaña para la Justicia con las Mujeres de consuelo, Mujeres en zonas en conflicto (incluyendo a las mujeres del este del Congo), a las mujeres de Nueva Orleans y el Golfo Sur, a las mujeres y niñas de Haití, a las mujeres y niñas del Congo, One Billion Rising, y Violencia contra las mujeres en el lugar de trabajo; las campañas han recaudado cientos de miles de dólares para mujeres de estas zonas y han dado relevancia pública a las cuestiones que abordan.

Las campañas de V-Day apoyan el empoderamiento y liderazgo de las mujeres que negocian el
cambio dentro de una amplia variedad de contextos
locales, sociales, políticos y religiosos. La filosofía
central de V-Day reconoce que las activistas locales
deben liderar la planificación de actividades para las
comunidades en las que viven. A través de la labor de
estas activistas, V-Day cobra vida en todo el mundo.

La labor de V-Day para acabar con la mutilación
genital femenina (MGF) en la comunidad masái de
Narok, Kenia, fue posible gracias a la historia de una
activista masái que conectó profundamente con la filosofía de V-Day y pasó a ser una expresión de esta.
Agnes Pareyio empezó educando a jóvenes y niñas
sobre los peligros de la MGF a lo largo de diecinueve
años. La profunda amistad entre Agnes y V-Day se
convirtió en una alianza que, en 2002, dio origen al
primer hogar seguro de V-Day, liderada por Agnes y
su equipo de la Iniciativa Tasaru Ntomonok. El hogar seguro de V-Day, un lugar al que las niñas de Narok pueden ir a estudiar y vivir sin temor a ser muti-
ladas, supone un éxito enorme que inspira a líderes

feministas de toda África a poner fin a la MGF en el continente.

En Kabul, V-Day se asoció con activistas veteranas de V-Day para dar apoyo al «Centro para la promoción de las capacidades de las mujeres a través de la educación», que da clases de informática, ciencia, inglés y alfabetización de mujeres locales desfavorecidas económicamente, muchas de las cuales han sido víctimas de violencia, matrimonios forzados y depresión. El centro, que intenta combatir las décadas de fundamentalismo que ha destruido la autonomía de las mujeres en Afganistán, fundado y gestionado por mujeres afganas, ofrece apoyo e información crítica sobre temas como la violencia doméstica, derechos legales, violación dentro del matrimonio, anticonceptivos y embarazo.

La República Democrática del Congo soporta desde 1996 la guerra más sangrienta desde la Segunda Guerra Mundial. El conflicto, una guerra por el poder de los ingentes recursos naturales del Congo, ha dirigido una violencia inusitada contra las mujeres, violándolas, mutilándolas y asesinándolas. Los defensores sobre el terreno estiman que más de medio millón de mujeres y niñas han sido violadas desde el inicio del conflicto.* Además del profundo impacto psicológico, la violencia sexual y de género deja a muchas supervivientes con lesiones genitales, fístulas traumáticas, extremidades cortadas y rotas, embarazos no deseados y enfermedades de transmisión sexual, incluyendo el sida. Las supervivientes quedan marginadas, por lo general, y son abandonadas por sus familias y comunidades. Un reto añadido es el de la desigualdad de género generalizada.

En 2007 el doctor Denis Mukwege, del Panzi Hospital, invitó a Eve a ir a Bukavu, en el este del Congo, para que fuera testigo de primera mano de las atrocidades que las mujeres sufrían allí. Había montado un hospital para ofrecer cuidados médicos de emergencia durante la guerra, incluyendo el tratamiento y la cirugía para víctimas de violencia sexual. En este viaje Eve conoció a Christine Schuler Deschryver, activista incansable por los derechos de las mujeres congoleñas. Juntas se reunieron con docenas de supervivientes. A estas mujeres fue a quienes se les ocurrió la idea de un

* *abcnews.go.com/Politics/International/story?id=8305857*

lugar llamado la Ciudad de la Alegría, donde pudieran vivir en comunidad para sanarse, y *convertir su dolor en poder*. Así pues, con el apoyo de activistas de V-Day en todo el mundo y un grupo de donantes generosos, este sueño se convirtió en realidad. Bajo el liderazgo de Christine y en colaboración con mujeres supervivientes, la construcción de la Ciudad de la Alegría se inició en agosto de 2009, un poco más abajo del Panzi Hospital. V-Day inauguró la Ciudad de la Alegría en febrero de 2011 y la primera promoción de mujeres empezó en junio de 2011. Desde ese momento, promociones formadas por noventa mujeres de entre dieciocho y treinta años, han residido en la Ciudad de la Alegría durante periodos de seis meses. A finales de 2017, mil mujeres han pasado por el programa y regresado a sus comunidades convertidas en líderes.

El centro, concebido, gestionado y propiedad de mujeres y hombres congoleños, ha prosperado desde su inauguración. La Ciudad de la Alegría difiere de muchos otros programas tradicionales de servicio directo de oenegés. No utiliza un modelo de patrocinio y no ve a las mujeres a las que da servicio como personas que necesitan ser salvadas; más bien la Ciudad de la Alegría tiene por objetivo ofrecer a las mujeres la oportunidad de sanarse y reorientarse dentro de la comunidad; con sus propias condiciones. Su filosofía se basa en las siguientes creencias, que son capitales para la labor de V-Day:

- Cada mujer es única y valiosa para su sociedad, y tiene derecho a ser tratada con dignidad, respeto, amor y compasión.
- Las mujeres no son «víctimas» rotas; sino supervivientes que han pasado por traumas injustos a consecuencia de su género.
- Cada mujer tiene la competencia para activar su propia capacidad de recuperarse y sanarse, así como convertirse en una líder empoderada y transformadora.
- Renacer es posible.

El revolucionario Programa de las Guerreras de la Vagina de la Ciudad de la Alegría tiene por objeto ofrecer una comunidad segura y que dé poder a las supervivientes de la violencia de género que han puesto de manifiesto su capacidad de liderazgo. El objetivo principal es sanar el trauma, aumentar la autoestima y las habilidades y formar a mujeres líderes. Las mujeres realizan una amplia variedad de actividades a lo largo de su estancia. El centro, que ofrece desde formación en dotes de liderazgo acerca de la concienciación sobre derechos, el sistema judicial, el activismo comunitario, los medios de comunicación y las comunicaciones a atención psicológica especializada, masajes, defensa personal y educación sexual completa, prepara a las mujeres no solo para que se reincorporen a sus comunidades con confianza, sino también para que las lideren. Las mujeres se gradúan después de alfabetizarse y aprender inglés, además de entrar en contacto con disciplinas muy variadas que van desde la educación física, las artes culinarias, el teatro y la danza hasta manualidades, agricultura dentro del mismo centro y formación agro-ganadera en la Granja de V-World, el programa hermano del centro. En el centro técnico, las mujeres aprenden a usar un ordenador, lo cual las ayuda a estar mejor preparadas para el mercado laboral global actual.

Las mujeres que salen de la Ciudad de la Alegría han tenido la oportunidad de sanar sus heridas emocionales, vivir en una comunidad, reconocer su potencial de liderazgo y aprender habilidades valiosas que pueden aplicar a su vida, a sus actividades futuras y a su participación en la vida civil. La transformación resulta sobrecogedora. Es extraordinario ver a un grupo de mujeres tan empoderadas y resueltas en una sociedad que, en su mayor parte, las ha rechazado tras haber sobrevivido a la violencia.

Las graduadas se han reincorporado a sus comunidades como verdaderas líderes, compartiendo las habilidades e información que aprendieron en la Ciudad de la Alegría con sus iguales y familias, fundando organizaciones sin ánimo de lucro como orfanatos y residencias geriátricas, montando pequeñas empresas, liderando en el ámbito comunitario, trabajando como periodistas y ganaderas y retomando sus estudios para ampliar su educación.

En un artículo de la revista *Time* sobre las violaciones titulado «The Secret War Crime» [El crimen de guerra secreto], Jane Mukunilwa, superviviente y graduada de la Ciudad de la Alegría que ahora forma parte del personal, fue entrevistada para que hablara del programa:

Según Mukunilwa, la terapia permite que las mujeres entiendan que la violación no fue culpa de ellas. Las habilidades para la vida y la formación en liderazgo les hacen ganar confianza, y el ambiente enriquecedor les permite establecer redes de apoyo que se prolongan mucho más allá del fin del programa. Se espera de las graduadas que formen grupos de apoyo a las mujeres cuando vuelvan a casa y se conviertan en líderes de la comunidad. «La gente piensa que, después de una violación, no eres más que una víctima», dice Mukunilwa. «Lo que me enseñó la Ciudad de la Alegría es que la vida continúa después de la violación. La violación no es el final. No es una identidad fija.*

Podría decirse que, más que cualquier otro programa o campaña, la Ciudad de la Alegría ejemplifica la intención de V-Day: comunidad, transformación y amor. Es tanto un lugar físico como una metáfora.

* _time.com/war-and-rape_

El modelo de V-Day se amplía

A medida que crecía el movimiento, las comunidades interesadas advirtieron el éxito que podía obtenerse con un esfuerzo coordinado con V-Day en una ubicación geográfica, y varios grupos empezaron a inscribirse para celebrar distintos actos de V-Day en las mismas ciudades. Para una serie inaugural en donde este había surgido, Nueva York, Eve y el equipo de V-Day organizaron un festival de dos semanas de duración de recitales, *performances* y actividades comunitarias en junio de 2006 llamado «Hasta que la violencia termine: NYC». Más de cien escritores y cincuenta actores donaron su talento para crear acciones en cuatro marquesinas llenas de celebridades. También se celebraron setenta actos comunitarios en los que participaron miles de activistas de base en los cinco municipios de la ciudad.

Uno de los actos, una noche titulada *Un recuerdo, un monólogo, un delirio y una oración*, incluía escritos originales de autoras y dramaturgas conocidas. Se publicó como libro en mayo de 2007.

El festival también incluyó una nueva obra de teatro titulada *Cualquiera de nosotras: palabras desde la prisión*, una compilación de textos de mujeres encarceladas que destaca la conexión entre las mujeres que están en prisión y las experiencias que han tenido con la violencia sexual. La pieza, dirigida por Eve y Kimberlé Crenshaw, especialista de la crítica de la teoría racial, fue una ampliación de la labor de Eve y de V-Day con mujeres reclusas a lo largo de los años. En 2003, la película de PBS, *Lo que quiero que mis palabras te hagan*, documentaba los talleres de escritura que Eve realizó con mujeres en el correccional de Bedford Hills. La película ganó el Gran Premio del Jurado en el Festival de Cine de Sundance en 2003, y desde entonces se proyecta regularmente en cárceles de todo el país para los reclusos y el personal, así como para públicos más amplios.

Desde el inicio de *Hasta que la violencia termine*, en la ciudad de Nueva York; este tipo de acción se ha repetido en Ohio, Kentucky, Rhode Island, París, Los Ángeles y Lima, y las dos nuevas piezas artísticas se han representado en cientos de comunidades de todo el mundo. Las activistas de V-Day también han proyectado el documental con el objetivo de re caudar fondos para los grupos que luchan a favor de los derechos de las reclusas.

En 2013, V-Day lanzó el Proyecto de las Prisiones de Estados Unidos One Billion Rising for Justice en conjunción con mujeres reclusas de todo el país. El proyecto estaba a favor de un modelo de justicia reconstituyente en vez de punitivo, cuya intención era mejorar los estándares de tratamiento ético a la población reclusa. Asimismo, dirigía la atención a temas como el racismo, la pobreza y la violencia que han llevado a la encarcelación de muchas mujeres, sobre todo a mujeres de color.

A lo largo de los años, muchas activistas de V-Day y de One Billion Rising organizaron actividades y acciones para dar apoyo a mujeres reclusas como parte de sus esfuerzos locales. En 2015, *The New York Times* informó de una representación en el correccional de Taconic del estado de Nueva York en el que la productora Elyse Sholk escribió que el espectáculo «ratificaba una creencia sólida que nos llevó, para empezar, a reunir a nuestro reparto potente: las ex reclusas, las actrices profesionales y activistas están en una buena posición para aprovechar su arte y activismo a fin de ratificar y recordarnos que todas las mujeres que están encarceladas importan».*

A medida que la labor de V-Day se expandía, Eve creó medios adicionales a través de los cuales los individuos y las comunidades podían abordar temas relacionados con el género y la violencia. En 2004 tuvo lugar la primera representación de mujeres trans de *Monólogos de la vagina* en Los Ángeles. A instancias del reparto, Eve escribió un nuevo monólogo, «They Beat the Girl Out of My Boy... or So They Tried». En la actualidad la pieza forma parte del guion original de las representaciones de V-Day y ha alentado a la participación de muchas participantes transgénero en las obras, inspirando así su aparición en otros monólogos y en distintas fases del proceso de producción. La recaudación de las producciones ha ido a parar a organizaciones clave como la Intersex Society of North America; ASTTeQ (Action Santé Travestis et Transexuels du Québec); Austin Latina/Latino Lesbian, Gay, Bisexual and Transgender Organization; Indiana Transgender Rights

* *nytlive.nytimes.com/womenintheworld/2015/05/25/happy-birthday-eve-ensler*

Advocacy Alliance; Louisiana Trans Advocates; Metro Trans Umbrella Group; SUNY Postdam Lesbian, Gay, Bisexual and Transgender Association; y cientos de otras.

En 2011, V-Girls, una red global de jóvenes activistas y defensoras, surgió a raíz de la obra de teatro y del éxito de ventas de *I Am an Emotional Creature: The Secret Life of Girls*. Enraizada en el activismo juvenil y guiada por la visión y estrategia del V-Girls Action Team, muchos grupos de jóvenes de todo el mundo representaron *Emotional Creature* y se comprometieron con un programa académico que cubriera temas relacionados con las jóvenes que iban desde la imagen corporal hasta la orientación sexual. Las reuniones y producciones de las V-Girls en ciudades como París, Johannesburgo y Nueva York inspiraron a las chicas a crear obras de arte y a ser activas en sus comunidades.

Los hombres han formado parte de V-Day desde su origen. Desde producir, dirigir, recaudar fondos, hacer publicidad y desarrollar y diseñar el sitio web hasta acompañar y dar apoyo al reparto, los hombres han participado de forma activa. Tras once años proyectando historias de mujeres a través de *Monólogos de la vagina*, creando espacios seguros que reconozcan a las mujeres y compartan sus historias, y ver a continuación el espíritu imparable de estas supervivientes de la violencia sexual después de hablar en alto, V-Day reconoció algo crucial. Una parte clave de su labor debía ser crear espacios similares donde los hombres se abrieran, compartieran, y revelaran sus sentimientos acerca del hecho de ser víctimas y/o autores del delito. V-Day creó una serie de entradas de blog, iniciadas y comisionadas por el autor/activista Mark Matousek, y apoyada por los talleres de V-Men, liderada por «A Call to Men» —organización anti-violencia centrada en el análisis de temas relacionados con la masculinidad— para que los hombres que participaban en el movimiento tuvieran la oportunidad de examinar el «cajón de los hombres»* en el que tan a menudo están encasillados y hacer acopio de fuerza emocional entre ellos para

* *ted.com/talks/tony_porter_a_call_to_men*

empezar a ser líderes en la lucha a favor del fin de la violencia contra las mujeres. Los hombres han producido y actuado en producciones de V de *Un recuerdo, un monólogo, un delirio* y dirigido actos de Men Rising bajo el auspicio de One Billion Rising. Los hombres organizaron, reunieron y movilizaron a otros hombres para que se unieran en la lucha para poner fin a la violencia contra mujeres y niñas. Mediante herramientas como «The Man Prayer» —la nueva pieza que Eve ha escrito para que la representen los hombres—, One Billion Rising vio iniciativas innovadoras y transformadoras encabezadas y organizadas por hombres, que sirvieron de inspiración a otros hombres de todo el mundo para formar parte de un cambio radical de conciencia sobre el trato que mujeres y niñas reciben y cómo son vistas desde la comunidad y a escala global. A lo largo de los años, V-Day ha producido también una serie de debates poniendo de relieve las voces de líderes masculinos sobre la mesa.

Haciéndose eco de nuevas voces

El movimiento V-Day se expande continuamente, reflejando así los contextos locales y globales y las conversaciones que los activistas mantienen en sus comunidades y haciéndose eco de tales voces. A lo largo de los años, a menudo después de representar *Monólogos de la vagina*, muchas activistas nuevas y veteranas han desarrollado y puesto en escena sus propias obras artísticas, dando protagonismo a nuevas voces en el diálogo centrado en el fin de la violencia contra las mujeres. V-Day ha alentado a activistas a organizar estas historias de la comunidad, con lo que se ha abierto una nueva vía para actividades artísticas que inviten a participar a escritores, activistas y artistas locales.

En 2017, como parte del esfuerzo compartido de V-Day y One Billion Rising para terminar con la violencia contra las mujeres en el lugar de trabajo, V-Day invitó a activistas a que sirvieran de plataforma para dar voz a las mujeres que sufren o luchan contra la violencia en el puesto de trabajo. A las activistas se les animó a representar *Monólogos de la vagina* o *Un recuerdo, un monólogo, un delirio y una oración* en el puesto de trabajo —un hospital, una fábrica o un edificio de oficinas— para llevar un llamamiento a la justicia, la seguridad y la igualdad a estos lugares de violencia a través de las obras de teatro, y denunciando la impunidad a través de una producción artística radical en la que aparecían mujeres en su entorno. Como parte de este esfuerzo, a las activistas se las animó a invitar a mujeres que se enfrentaban a la violencia en el trabajo a escribir su testimonio, que apareció en las producciones de la comunidad.

Resistencia creativa

V-Day rompe tabúes, levanta el velo del secretismo acerca de la violencia contra las mujeres, y pone a prueba sus límites. Si bien el movimiento se ha enfrentado a cierta oposición a lo largo de los años, V-Day siempre ha decidido decir la verdad sobre la violencia y la sexualidad femenina. Cuando Eve Ensler representó *Monólogos de la vagina* por primera vez, incluso pronunciar la palabra «vagina» en voz alta resultaba motivo de controversia e incomodidad. Las emisoras de radio se negaron a que se pronunciara la palabra «vagina» en sus emisiones. Las cadenas de televisión reproducían fragmentos enteros de la obra sin mencionar la palabra y los periódicos optaban por esconderse bajo abreviaturas. Veinte años después, *Monólogos de la vagina* forma parte de la cultura popular, y la palabra «vagina» se pronuncia abiertamente en la tele y en la radio y se imprime con libertad en periódicos y revistas de todo el mundo. Ahora que la palabra se pronuncia e imprime en los medios de comunicación de masas, puede decirse que V-Day ha sido el catalizador que ha propiciado este cambio cultural y ha desmontado tabúes de forma que las mujeres que han sufrido en secreto han encontrado su visibilidad.

El contraataque que V-Day ha recibido a lo largo de los años ha ofrecido a los campus y comunidades una oportunidad única para convertir las críticas en un diálogo constructivo entre estudiantes, cuerpo docente y miembros de la comunidad. El contraataque también ha creado un entorno en que se cambian las ideas fijas y en muchos casos los grupos acaban uniéndose para apoyarse entre sí en la lucha para defender *Monólogos de la vagina*. A través de acciones de resistencia creativa, de las producciones de la obra de teatro y de otras actividades de la campaña de V-Day, las activistas han defendido su derecho a la libertad de expresión, a una vida sin violencia y a expresar que las mujeres son dueñas de su cuerpo.

En 2005, las autoridades de la Notre Dame University prohibieron la producción de *Monólogos de la vagina* hecha en el campus, lo cual dio lugar a un debate de hondo calado y a una mesa redonda en la universidad con la participación de Eve y representantes del cuerpo docente. El año siguiente, el presidente de Notre Dame, el reverendo John I. Jenkins anunció que permitiría la producción hecha en el campus y declaró: «La contextualización creativa de una obra como *Monólogos de la vagina* puede ofrecer ciertos enfoques sobre temas que propicien un diálogo constructivo y fructífero con la tradición católica. Se trata de un buen modelo para el futuro.»*

Al mismo tiempo, el gobierno ugandés suspendió una producción de *Monólogos de la vagina* en Kampala pese al escrutinio de la prensa internacional. A pesar del debate subsiguiente, las activistas que respondieron a esta controversia consiguieron recaudar once mil dólares para la Lira Women Peace Initiative

* Margaret Fosmoe, «ND Discourse Ends: "Monologues" Allowed», *South Bend Tribune*, 5 de abril de 2006.

y la Kitgum Women Peace Initiative, dos grupos locales que trabajan para mantener a salvo a las mujeres en el norte de Uganda.

En 2006, V-Day volvió a encontrarse en el centro de la polémica cuando el presidente del Providence College prohibió la producción anual de *Monólogos de la vagina*. Cientos de personas protestaron, y las organizadoras de V-Day de todo Rhode Island (así como muchas de las beneficiarias del acto) acudieron en ayuda de las organizadoras del Providence College y ayudaron a montar una producción fuera del recinto universitario. Gracias al amplio apoyo de la comunidad, la obra ha continuado representándose en la universidad desde entonces.

En nuestros días, tras la campaña presidencial estadounidense de 2016 y en plena presidencia de Donald Trump, *Monólogos de la vagina* tienen la misma vigencia, dado que en el país y en el mundo se escuchan conversaciones sobre consentimiento, acoso sexual y agresiones. La periodista Sarah Rebell, que se dirigió a las activistas de V-Day en los estados conservadores e indecisos en Estados Unidos escribió: «Muchas personas hablan de lo empoderador que ha sido tener *Monólogos de la vagina* como válvula de escape, como manera de expresar su ira acerca de la situación política actual. También ha supuesto una forma de conectar con una comunidad más amplia, de promover la empatía y la pertenencia en un momento potencialmente sombrío y dividido.»[*]

Al generar la cobertura informativa de los medios e iniciar un diálogo a escala mundial, las activistas de V-Day han abordado la oposición a su labor convirtiendo la controversia en conversaciones y, en última instancia, alcanzando una comprensión más profunda sobre las experiencias de las mujeres con la sexualidad y la violencia, creando precisamente el cambio que V-Day promueve. Han aprendido a luchar por lo que más quieren.

V a la décima

El 11-12 de abril de 2008, V-Day celebró su décimo aniversario, *V a la décima*, en Nueva Orleans, para poner el foco en los temas a los que se enfrentaba la comunidad del Golfo Sur tras el paso de los hu-

[*] *theintervalny.com/features/2017/02/v-day-in-trumpland-exploring-the-relevance-of-the-vagina-monologues*

racanes *Katrina* y *Rita*, que asolaron la zona. A lo largo del fin de semana, V-Day se apoderó del New Orleans Arena y del Louisiana Superdome, que sirvieron de refugios improvisados durante el huracán *Katrina* y llegaron a simbolizar la falta de asistencia de la que adolecían los pobres y la comunidad afroamericana. Más de treinta mil personas asistieron a los actos celebrados a lo largo de los dos días, y V-Day transformó el Superdome en «SUPERLOVE», con conversaciones, recitales poéticos, *performances*, cuentacuentos y arte que analizaba temas como el medio ambiente, el fallo de las infraestructuras y la violencia contra las mujeres bajo un prisma internacional. Miles de personas viajaron desde fuera del estado y desde el extranjero para asistir a los actos en los que participaron más de 125 ponentes y 40 estrellas, un coro de 200 personas y más de 800 voluntarios.

El Proyecto Coastal Women Coming Home de V-Day trajo a mil doscientas mujeres desplazadas por los huracanes a Nueva Orleans a pasar el fin de semana, y les dio acceso gratuito a masajes, grupos de apoyo, yoga, meditación y cambios de imagen. Como parte de SUPERLOVE, V-Day estrenó la lectura de *Swimming Upstream*, escrita por quince artistas locales de Nueva Orleans en colaboración con el Ashé Cultural Arts Center. La obra contaba las crudas historias de mujeres que sobrevivieron al huracán *Katrina* con honradez, rabia, humor y una enorme capacidad de recuperación.

En una función benéfica de *Monólogos de la vagina* participaron Jane Fonda, Rosario Dawson, Kerry Washington, Ali Larter, Calpernia Addams, Lilia Aragón, Stéphanie Bataille, Jennifer Beals, Ilene Chaiken, Didi Conn, Lella Costa, Alexandra Hedison, Shirley Knight, Kristina Krepela, Christine Lahti, Liz Mikel, Doris Roberts, Daniela Sea, Amber Tamblyn, Leslie Townsend y Monique Wilson, más las actuaciones musicales de Faith Hill, Jennifer Hudson, Peter Buffett, Charmaine Neville y el Voices of New Orleans Gospel Choir.

V-Day donó más de 700.000 dólares a grupos de la región que trabajaban para acabar con la violencia contra mujeres y niñas.

Las celebraciones de *V a la décima* fueron un hito importante para el movimiento V-Day y sentaron las bases para una labor intensa y duradera a favor de las supervivientes de violencia en el Congo y para una serie de actos, conversaciones y acciones centradas en las distintas manifestaciones de violencia que sufren las comunidades marginadas, desde económicas a medioambientales hasta las raciales. La campaña de One Billion Rising surgió a raíz de este trabajo, una acción global anual que exige el fin de toda forma de violencia contra las mujeres.

Fuera de los teatros y en las calles

Cuerpos que se mueven de forma espontánea pero no al azar participan en una conversación global sobre la violencia. Al danzar en los lugares que los Alzados eligen, los alzamientos nos hablan de política interseccional en todo el mundo. Las personas —las mujeres— viven entre secciones, en lugares donde el sexismo se solapa con la marginación económica, el racismo, la degradación medioambiental, la queerfobia, el capacitismo, la xenofobia, etc. Los alzados nos demuestran cuál es el rostro de la interseccionalidad de acuerdo con lo que deciden combatir. [Existen] miles de acciones únicas que forman el mapeado global de cómo la violencia campa a sus anchas en las intersecciones de vulnerabilidad. Bailar en estos lugares llama la atención acerca de esas vulnerabilidades, y las transforma en espacios de resistencia. Se trata de política de coaliciones a escala global.

Kimberlé Crenshaw, cofundadora del African-American Policy Forum, profesora de Derecho en UCLA, directora académica del Center for Intersectionality and Social Policy Studies de la Columbia Law School, y miembro de la junta de V-Day

One Billion Rising, que se lanzó el día de San Valentín de 2012, se inició como llamada a la acción, basándose en la asombrosa estadística de que una de cada tres mujeres del planeta serán víctimas de violencia o violación a lo largo de su vida. Teniendo en cuenta que la población mundial se cifra en siete mil millones de personas, supone más de mil millones de mujeres y niñas.

En el decimoquinto aniversario de V-Day, el 14 de febrero de 2013, personas de todo el mundo se congregaron para expresar su indignación, hacer huelga, bailar y alzarse como gesto de rebeldía ante las injusticias que sufren las mujeres, exigiendo el fin definitivo de la violencia sexual y física. A medida que One Billion Rising ha ido creciendo y las campañas locales se han profundizado, el alcance de los temas que ha abordado el activismo de base se ha ampliado. Los activistas de One Billion Rising piden justicia ante la violencia económica, la violencia racial, la violencia de género, la violencia causada por la corrupción, ocupación y agresión; la violencia causada por los desastres medioambientales, el cambio climático y el saqueo de la naturaleza; la violencia que afecta a las mujeres en el contexto de guerras promovidas por el estado, la militarización y el desplazamiento interno e internacional cada vez mayor de millones de personas, así como la violencia creada por la avaricia capitalista.

A través de One Billion Rising, los activistas se han movilizado, comprometido y despertado las conciencias de personas de todo el mundo, lo cual ha convertido la violencia contra las mujeres en un tema humano global que no está limitado a un país o tribu ni a una clase o religión. Lo han calificado de mandato patriarcal presente en todas las culturas del mundo. Han hecho visibles las relaciones volátiles entre la violencia contra las mujeres y la injusticia económica, medioambiental, racial y de género. Han formado coaliciones nuevas y duraderas entre grupos existentes e individuos no solo dentro del movimiento de las mujeres, sino también entre movimientos sociales que cubren distintos sectores. Y han puesto de manifiesto que no hay nada más poderoso que la solidaridad global, ya que nos hace a todos estar más seguros en nuestra franqueza, más valientes en lo que estamos dispuestos a hacer.

One Billion Rising ha puesto de manifiesto el poder del arte y la danza y la asombrosa alquimia política que se produce cuando el arte y el activismo se combinan entre sí. La danza es una de las fuerzas más poderosas de la tierra, y no hemos hecho más que empezar a discernir hasta dónde nos puede llevar. La lucha de la humanidad es la lucha de volver a nuestros cuerpos. A través del trauma, la crueldad, la vergüenza, la opresión, la violencia, la violación y la exclusión, la especie humana ha sufrido heridas, y nos hemos visto obligadas a huir de nuestro cuerpo. La misma crueldad, violación y opresión se ha practicado contra la naturaleza, y las consecuencias han sido nefastas.

Bailar nos permite regresar a nuestros cuerpos como individuos y como grupo. Nos permite ir más allá, incluir a todo el mundo, acercarnos a una energía revolucionaria y poética que nos invita a abrir la tapa del contenedor del patriarcado para dejar salir una dosis mayor de sabiduría y amor propio. Nuestra sexualidad, nuestra compasión y fervor. El baile supone un desafío. Es jubiloso y rabioso. Es contagioso y gratis y escapa al control corporativo o estatal. No hemos hecho más que empezar a danzar.

La intención de la estructura de One Billion Rising, basada en la idea de «expandir y no etiquetar», ha propiciado una participación masiva en todos los sectores y redes existentes que tradicionalmente trabajaban separados entre sí, al tiempo que ha ofrecido una plataforma para honrar y reconocer la increíble labor que los grupos que luchan para terminar con la violencia de género ya están trabajando sobre el terreno. En muchos sentidos, One Billion Rising es una energía que recorrió el planeta, una decisión compartida por activistas y adaptada a cada cultura y lugar. Desde sindicatos, temporeros y maestros a líderes religiosos, actores y jóvenes, la campaña ha inspirado a infinidad de individuos a salir a la calle. Los activistas han hecho aflorar la intersección de cuestiones que causan e influyen en la violencia contra las mujeres.

Los activistas alzados han apoyado y participado en los actos de *Di su nombre*, que exigen que se deje de pasar por alto el escándalo de la violencia contra las afroamericanas, y han abogado por un movimiento de género inclusivo que termine con la violencia estatal y valore las historias de las mujeres negras. A través del marco del Artistic Uprising, muchas participantes escenifican actividades artísticas y políticas, en puntos de todo Estados Unidos y el mundo, centradas en la resistencia y voz creativa, así como en el poder del arte para conseguir un apoyo amplio a favor del cambio cultural.

Ciertos grupos que han sido marginados tradicionalmente —como las mujeres indígenas, LGBTQ+, discapacitadas, migrantes y reclusas— se encuentran en el centro de la campaña en muchas comunidades. One Billion Rising ha creado solidaridad y fuerza globales que traspasa fronteras, razas, religiones, orientación sexual, edad, género y capacidades.

Asimismo, ha revitalizado la solidaridad entre organizaciones de mujeres en distintos países y ha reavivado el espíritu de la fraternidad entre mujeres a escala global.

One Billion Rising ha ratificado cómo es un movimiento de solidaridad global, personas que se unen a favor de una visión genuinamente local, pero compartida a escala mundial. Buen ejemplo de ello es el reciente esfuerzo de Women Workers Rising, coalición que aboga por la solidaridad de amplio espectro entre mujeres trabajadoras, el fin de la violencia y el acoso en el lugar de trabajo, la igualdad salarial, un sueldo digno para vivir, bajas remuneradas y derechos laborales.

A medida que One Billion Rising ha englobado tanto a activistas veteranos como nuevos, V-Day ha visto cómo su labnor profundizaba en la estructura de las comunidades, ayudando a ofrecer una vía para que los grupos se unieran y sirvieran de catalizador con el fin de que V-Day diera un paso más en su evolución como movimiento de bases global.

Todo empezó con una serie de monólogos contundentes, pero se ha convertido en un alzamiento enérgico, resuelto y global, que cruza continentes y exige una cosa: la liberación de todas nuestras hermanas. A medida que V-Day se acerca a su vigésimo aniversario, seguimos persiguiendo un mundo en el que las mujeres y las niñas prosperen en vez de limitarse a sobrevivir. Te invitamos a que te unas a nosotras.

MISIÓN DE V-DAY

V-DAY

V-Day es una respuesta organizada contra la violencia de género.

V-Day es una visión: vemos un mundo donde las mujeres viven libres y seguras.

V-Day es una exigencia: las violaciones, el incesto, el maltrato, la mutilación genital y la esclavitud sexual deben acabar ya.

V-Day es espíritu: creemos que las mujeres deben vivir creando y prosperando en lugar de sobreviviendo o recuperándose de terribles atrocidades.

V-Day es un catalizador: recaudando fondos y concienciando a la sociedad, unifica y fortalece los esfuerzos de los grupos que luchan contra la violencia. Buscando llegar lo más lejos posible, sienta las bases para proyectos educativos, de protección y legislativos en todo el mundo.

V-Day es un proceso: trabajaremos hasta que sea necesario. No nos detendremos hasta que la violencia termine.

V-Day es un día: proclamamos el día de San Valentín como V-Day, para celebrar a la mujer y poner fin a la violencia.

V-Day es una comunidad y un movimiento feroz, salvaje e imparable. ¡Únete a nosotros!

LOS 10 PRINCIPIOS POR LOS QUE SE RIGE LA CIUDAD DE LA ALEGRÍA

Al igual que todas las comunidades, la Ciudad de la Alegría posee su propia cultura, basada en el amor y el respeto mutuo y en las experiencias particulares que cada mujer aporta al grupo.

1. Di la verdad.
2. Deja de esperar a ser rescatada; toma la iniciativa.
3. Conoce tus derechos.
4. Alza tu voz.
5. Comparte lo que has aprendido.

6. Da lo que más quieres.

7. Siente y di la verdad acerca de lo que has pasado.

8. Utilízalo para impulsar una revolución.

9. Practica la bondad.

10. Trata la vida de tu hermana como si fuera la tuya.

Si deseas más información, visita:

VDay.org

OneBillionRising.org

CityOfJoyCongo.org

Facebook.com/vday

Twitter: @Vday

Instagram: @vdayorg

EPÍLOGO

Monique Wilson, directora de One Billion Rising

El 14 de febrero de 2013 me encontré ante una multitud de miles de personas en Manila mientras bailaban para One Billion Rising. Observándolas desde el escenario, no pude evitar rememorar la obra de teatro y el movimiento que me habían llevado hasta ese momento. Líderes y grupos de organizaciones de base, trabajadores, familias migrantes, maestras, mujeres urbanas pobres, mujeres de comunidades marginadas, mujeres indígenas, hermanas musulmanas, miembros de la comunidad LGBTQI, todas bailaban y cantaban de forma desafiante y apasionada a favor de liberarse de la violencia y la pobreza. Me conmovieron.

También me conmoví porque sabía que por toda Filipinas, y en más de doscientos países más, se producían alzamientos similares igual de increíbles ese mismo día. Me conmoví porque me remontó a trece años antes cuando, junto con otras activistas, llevé por primera vez *Monólogos de la vagina* y el movimiento V-Day a Filipinas. Los recuerdos, esfuerzos, victorias, viajes —tanto políticos como personales— se agolparon en mi mente en ese momento. En imágenes que son como una miríada de luces de colores, vi cada paso del trayecto en el fervor, valor, generosidad y amor entre nosotras y por nuestro país en las mujeres, así como su júbilo y su insistencia por albergar esperanza. Cada victoria, cada reto, cada profundización de amor y fraternidad femeninas —que giraban en colores radiantes que iluminaban un viaje extraordinario— habían culminado en ese momento.

Después de ser actriz desde los nueve años y crear una compañía de teatro político feminista a los veinticuatro, produje *Monólogos de la vagina*, de

Eve Ensler, en 2000 en Filipinas, Hong-Kong, Singapur y Japón porque considero que el teatro no debería solo entretener sino despertar, incitar, inspirar, educar y transformar. Incluso en aquella época tan temprana, sentía que no podíamos interpretar nuestro papel solo como artistas, sino que teníamos que aliarnos con el movimiento de mujeres, con nuestros grupos de mujeres de las bases, para contextualizar la obra para nosotras, las filipinas, y para nuestros grupos de migrantes de todas partes, para otorgarle conexión y significado. Invité a que GABRIELA —una alianza nacional de doscientos grupos de mujeres y la organización de base más antiimperialista, militante y política de Filipinas— se asociara con nosotras desde el momento en que dimos a luz a la obra en Filipinas y por toda Asia. Durante muchos años me había costado encontrar la manera de compaginar mi arte con el activismo, pero entonces apareció *Monólogos de la vagina* y V-Day y básicamente me cambiaron la vida.

Cuando *Monólogos de la vagina* se estrenó en Filipinas, empezó a desarrollarse un fenómeno curioso. Los filipinos se mostraron afables y receptivos, a pesar de estar sumidos en una sociedad patriarcal dominante plagada de barreras religiosas y culturales. Los cambios políticos y sociales se sucedieron muy rápidamente.

Cuando empezamos a representar *Monólogos de la vagina* —o *Usaping Puki* en tagalo— hace quince años en ciudades y pueblos de Filipinas y dentro de las comunidades de migrantes filipinos en el extranjero, la respuesta del público fue variada e inesperada. Filipinos de todas las edades, clases, nivel de estudios, situación económica y religiones vieron la obra y hablaron de ella con vehemencia. Daba igual que se representara en un teatro, un estadio, una sala de conferencias, un aula, un campo, o en un parque al aire libre, las reacciones eran constantes. Al fin y al cabo, en la cultura filipina la palabra «vagina» o las cuestiones relacionadas con el empoderamiento femenino y los derechos de las mujeres, o incluso los deseos de las mujeres, no forman parte de las conversaciones diarias. Cuando se estrenó la obra, las filipinas ni siquiera disponían de protección legal contra el tráfico sexual, la violencia doméstica o la violación dentro del matrimonio. En la actualidad, debido a que somos uno de los mayores países católicos del mundo, las leyes de salud reproductiva siguen siendo motivo de debate y el divorcio no es legal. No fue solo la profunda humanidad de la obra, o su humor o conmoción, lo que pareció desconcertar y entretener a partes iguales a las filipinas; lo que creo que las perturbó más fue las cuestiones que la obra les planteaba: cuestiones acerca de la valía de las mujeres; el doble rasero en la cultura, las leyes y los derechos entre hombres y mujeres; y el silencio profundamente arraigado que rodea a temas de violencia, justicia y empoderamiento, un silencio que la obra machacaba.

En las representaciones se notaba cómo surgía un tipo de energía distinto. *Monólogos de la vagina* supuso una bocanada de aire fresco en nuestro país predominantemente conservador. Lo primero que nos proporcionó la obra fue el lenguaje de la verdad, el lenguaje de las realidades expuestas que se reflejaban en las narraciones. Tal vez debido a que los siglos de corrupción traída por los colonizadores occidentales han impregnado el estilo de vida filipino, los filipinos se han acostumbrado a ocultar la verdad en vez de revelarla.

La obra emocionó, influyó, despertó y molestó, sobre todo a un público cuya norma cultural es no hablar abiertamente sobre sexualidad. Para muchas filipinas, la obra se convirtió en política de la conciencia, del deseo, de la verdad y del empoderamiento. La obra despertó experiencias nuestras de forma literal y metafórica. También vimos, como artistas de teatro y activistas políticas, que las historias de los monólogos, aunque no fueran específicas de Filipinas, podían comprenderse a escala universal, lo cual permitía que la obra tuviera una recepción excepcional en cada comunidad, con independencia de su contexto cultural, religioso y político concreto. Así se inició un proceso profundo de despertar personal que llevó a una transformación como sociedad y como nación.

Para nosotras, las filipinas, la palabra «vagina» devino una fuente de poder porque nunca antes se había pronunciado de forma tan abierta y orgullosa, sobre todo ante las enseñanzas de la Iglesia que siguen reforzando estructuras patriarcales destinadas a silenciar a las mujeres y negarles su poder y derechos sexuales. En tagalo no existe la palabra que designa a la «vagina» en sentido biológico, sino solo como término despectivo. Cuando una mujer no tiene nombre para su vagina, ¿cómo puede hablar de ser víctima de una violación, de tráfico sexual, de incesto o de esclavitud sexual? La negación continuada del acceso de las mujeres a su voz y cuerpo perpetúa su subyugación y opresión. Así pues, la obra supuso un verdadero empoderamiento para las mujeres a las que se había negado sus derechos más básicos.

La obra rompió barreras porque las historias eran una celebración de las mujeres por sus deseos, sus situaciones, sus necesidades y no las clasificaba por clases, religión, identidad o raza. La cultura dominante del silencio quedaba amenazada.

En febrero de 2001 en el exterior del teatro de Manila en el que se representaba la obra, nuestra socia GABRIELA organizó mítines nacionales que pedían la dimisión del presidente Joseph Estrada; su discurso sobre el estado de la nación hacía unos meses no había mencionado temas prevalentes relacionados con las mujeres en Filipinas, de los cuales los más comunes eran el incesto, la violencia doméstica, el maltrato físico, el tráfico sexual y la violación. GABRIELA ofrecía información sobre su labor de defensa de la mujer en la promoción de la obra, y se instalaron mostradores de ayuda en el vestíbulo del teatro, en los que las mujeres que sufrían algún tipo de abuso podían ir a pedir consejo e información tras la función. También nos internamos en las comunidades de base.

La asociación con el movimiento feminista de base nos ayudó a analizar la violencia contra las mujeres desde una perspectiva sociopolítica. La miembro fundadora de GABRIELA y una de las feministas más destacadas del país, la madre superiora Mary John Mananzan, de la orden benedictina, describe la «cuestión femenina» en Filipinas como el «fenómeno de la discriminación, subordinación, explotación y opresión de las mujeres». Describe el feminismo en el contexto filipino no solo como «una comprensión de la cuestión femenina» sino como «trabajar hacia un cambio sistemático, un cambio de perspectiva, cambio de estructura, cambio de valores de la forma más completa e inclusiva».* Así pues, para nosotras las filipinas, *Monólogos de la vagina* no solo condujo a la comprensión y concienciación de la «cuestión femenina», sino también a un compromiso para derrotar todo tipo de violencia contra las mujeres en nuestra sociedad.

El hecho de oír las historias no contadas de abusos y desigualdades en la obra reafirmó la necesidad de asumir responsabilidades y rendir cuentas por nuestra parte dentro del ciclo de la violencia, como víctima/superviviente, espectadora o autora. Ahí es donde la inclusión de la perspectiva de «cuestión femenina» hizo y sigue haciendo que *Monólogos de la vagina* sea una obra muy persuasiva en Filipinas. Gracias a la obra, el teatro se convirtió y continúa siendo un medio importante para mejorar la visión y la labor del movimiento feminista, además de convertirse en una herramienta importante para concienciar, recaudar fondos y llevar a cabo acciones radicales y con capacidad para transformar.

Al producir la obra y organizar actos de V-Day

* Sor Mary John Mananzan, *The Women Question in the Philippines*, Institute of Women's Studies, Manila, 1997, pp. 33-34.

por toda Filipinas, Hong-Kong, Singapur y Japón en años sucesivos, colocamos con firmeza nuestras cuestiones políticas sobre la mesa en cada producción: tráfico sexual, justicia para las mujeres de consuelo (las primeras esclavas sexuales de la Segunda Guerra Mundial), militarización y migración, entre otros temas. En asociación con GABRIELA, nos servimos de la obra no solo para empoderar a las mujeres, sino para poner los relatos de la obra en el contexto de la situación de las mujeres del Sudeste Asiático, que tiene una larga historia de subyugación y explotación por parte de los estados occidentales y nuestros propios gobiernos. La obra se convirtió en una herramienta importante para despertar conciencias acerca de la violencia contra las mujeres y las políticas nacionales e internacionales que hacen que dicha violencia perdure.

Nuestro viaje no estuvo exento de retos. Al comienzo, los medios de comunicación no querían imprimir la palabra «vagina», y los programas de televisión y radio no nos permitían pronunciar la palabra para promocionar la función, un problema grave teniendo en cuenta el título de la obra. Ningún patrocinador se nos acercaba. La Iglesia católica se opuso tajantemente a nuestras producciones, y en un país donde la policía y el ejército arresta, detiene y tortura de forma arbitraria a los activistas políticos, siempre corrimos un grave peligro. Pero el poder de la obra atrajo al público y nuestro convencimiento acerca de la ventaja de fusionar la obra con nuestro propio movimiento feminista proporcionó otra plataforma a nuestras mujeres de las bases para hacer oír sus voces.

Mi educación política y social también se benefició de este viaje entre V-Day y GABRIELA. Me puso en contacto con todas las formas de violencia a las que nos enfrentamos como mujeres en el terreno cultural, físico, político y económico. Me llevó a las comunidades más pobres y marginadas de Filipinas a representar la obra, lo cual no hizo sino aumentar mi conciencia política.

Tengo muchos recuerdos que destacan en mi memoria de los diecisiete años que llevo representando la obra. En 2000, fui invitada por el Tribunal Internacional de Crímenes de Guerra contra las Mujeres que juzgaba la esclavitud sexual por parte del ejército de Japón para representar *Mi vagina era mi pueblo.* Hacer esa pieza delante de 250 mujeres de consuelo de toda Asia fue un gran honor, pero también me aterraba. ¿Cómo iba a representar un monólogo sobre la forma de violación que las mujeres que estaban sentadas delante de mí habían sufrido tantos años durante la Segunda Guerra Mundial, y por la que nunca se había hecho justicia? ¿Cómo iba a honrar las historias de las mujeres de consuelo que estaban vinculadas a esa pieza? Para mí supuso un momento decisivo, la constatación de que no era solo un monólogo, solo una obra, sino un gen y un potente catalizador de la concienciación y la justicia.

Otro recuerdo es el de representar esa misma pieza en 2001 en la primera convención de la Liga Internacional de la Lucha de los Pueblos (ILPS) en Utrecht, Holanda, donde grupos de militantes radicales e imperialistas de todo el mundo se reunieron para crear e imaginar la carta fundacional de la ILPS. Grupos de trabajadores, migrantes y algunas de las comunidades más marginadas presentes me pidieron que actuara porque dijeron que consideraban que la pieza nos unía como ciudadanos del mundo, conectando nuestras historias y nuestras luchas y resaltando cómo el imperialismo crea y escala la violencia contra las mujeres.

En 2002, después de que Eve Ensler nos honrara con su presencia en el acto de V-Day en Manila ante seis mil personas, varias legisladoras —encabezadas por la ex secretaria general de GABRIELA, Liza Maza— nos invitaron a representar la obra en el Congreso y Senado filipinos. El objetivo era ilustrar a los legisladores acerca de las proposiciones de ley sobre violencia doméstica y tráfico sexual que llevaban casi diez años en estado de latencia. Poco después, las proposiciones de ley se aprobaron. Para los legisladores, oír las experiencias reales de mujeres violadas supuso una experiencia distinta a la de leer una estadística sobre la violencia contra las mujeres. La obra hizo que las experiencias fueran más reales, más tangibles, y les obligó a actuar con apremio acerca de lo que habían oído.

En 2003 actuamos en el campamento militar de las Fuerzas Armadas de Filipinas, el ojo del huracán, para poner de manifiesto el tema del militarismo y la violencia instigada por el estado. Pedimos a todos los soldados, a los generales y a sus esposas que asistieran. Nunca olvidaré a Lola Narcisa —una de nuestras ex mujer de consuelo— pronunciando un discurso feroz y emotivo sobre el abuso continuado que las mujeres sufrieron a manos de hombres en el poder y uniformados, rodeada por cientos de artistas y activistas filipinas sentadas a su alrededor. Los militares estaban sentados entre el público, asombrados, escuchando quizá por primera vez lo que la violencia supone para una mujer. Igual de importante fue ver a un grupo de mujeres subir al escenario para mostrar su solidaridad con Lola Narcisa.

En Hong Kong, Singapur, Japón y Londres, donde representamos la obra ante mujeres migrantes, se oían los llantos del público, y las mujeres, trabajadoras del servicio doméstico en su mayoría, compartían sus historias tras la función, al notar que había un hueco en el que podían hablar de sus experiencias de abusos. Ahora ya no son actrices quienes representan la obra en estas comunidades sino trabajadoras domésticas, que utilizan las representaciones para poner de manifiesto el tema de los trabajos forzados, la explotación laboral y el abuso y las formas de esclavitud actuales.

En 2006 en el juicio por la violación de «Nicole», una mujer filipina, por parte de Daniel Smith, un militar estadounidense, cuando se pronunció el veredicto de culpabilidad, el secretario del tribunal se refirió varias veces a la palabra «vagina» como la fuente profanada de la humanidad y la dignidad. Una senadora filipina, que en una ocasión me había criticado por hacer una obra que le parecía «vulgar», se sentó a mi lado en la sala de juicios y me dio las gracias por haber llevado la obra a Filipinas. Dijo que nunca había pensado que llegaría el momento en la historia de nuestro país predominantemente católico en el que se hablaría de forma tan abierta de las vaginas en un tribunal, y la violencia ejercida contra ellas; en la vista sobre el caso ayudó a otorgar importancia y gravedad oír lo mutilada y lacerada que había quedado la vagina de la mujer por culpa de la violación. Dijo que era la primera vez que en un juicio se oía esa palabra y que la obra había ayudado a la aparición de una concienciación nacional para eliminar la vergüenza y el estigma asociados al hecho de pronunciarla.

Actualmente la obra está siendo representada por jóvenes supervivientes del tifón *Haiyan* en Tacloban City, y otros grupos —mujeres indígenas, mujeres de zonas urbanas pobres, campesinas, trabajadoras sexuales y maestras víctimas del tráfico sexual— preparan producciones; todas ellas para resaltar las distintas modalidades de abusos económicos, físicos y sexuales que padecen.

Estas no son más que unas pocas instantáneas de un viaje increíble de diecisiete años con la obra, lo cual condujo de forma natural al siguiente paso en nuestra labor, One Billion Rising, movimiento que amplía nuestra demanda a favor del fin de la violencia contra mujeres y niñas. One Billion Rising es el hijo radical de *Monólogos de la vagina* y V-Day. Emplea el arte y el activismo no solo para despertar, educar e inspirar, sino también para incitar, resistir y trastocar. Aglutina las cuestiones que están profundamente interconectadas de la raza, la economía, la clase, el medio ambiente y la guerra bajo el prisma de la «solidaridad» y la «explotación» y a través del marco del cambio revolucionario.

En la actualidad, *Monólogos de la vagina* no solo continúa representándose en todas partes, desde ciudades grandes y universidades de Filipinas hasta comunidades de trabajadoras domésticas y migrantes de Filipinas en todo el mundo, sino que está totalmente integrada en nuestros alzamientos. La vagina como metáfora y como tema, el análisis de la «cuestión femenina», y la necesidad de utilizar prismas específicos, imperativos para crear el cambio son lo que conectan la obra y V-Day con One Billion Rising, manteniendo su relación con nuestro movimiento feminista.

Para los filipinos, *Monólogos de la vagina* ha desafiado y cambiado los órdenes simbólicos profundamente patriarcales de nuestra sociedad. Para nosotras, en Filipinas y en nuestra labor dentro del movimiento feminista, no cabe la menor duda de que la obra supone un desafío para todas las estructuras políticas y sociales que niegan el acceso de una mujer a sus deseos, ya sean sexuales, emocionales, mentales, físicos, económicos, religiosos o culturales. La obra y el movimiento de ella surgido han desafiado siglos de opresión, permitiéndonos cuestionar y desafiar ideologías políticas y sociales profundamente arraigadas.

En Filipinas, la obra se ha convertido en el idioma del desafío, la liberación y la expresión y, a través de ella, somos capaces de conectar las diferencias y similitudes de nuestras experiencias compartidas y articularlas en el contexto de nuestras culturas, historias y tradiciones. Tras siglos de colonización consolidada de países occidentales, la obra nos ha dado el poder para no volver a negarnos el lenguaje del deseo, las aspiraciones, los sueños, la rabia, la ira, la lujuria, el amor, la alegría y la sexualidad. Nunca más permitiremos la supresión del lenguaje revolucionario y subversivo de nuestros cuerpos. Hemos usado y seguiremos usando la obra para la transformación y liberación sexuales, una herramienta importante para la labor de los movimientos de nuestro pueblo. La relación profunda de la obra con los movimientos de base intensifica, enciende y alimenta la labor diaria y difícil que supone la eliminación de la violencia.

Crecer desde el punto de vista artístico y político gracias a *Monólogos de la vagina* y V-Day fue como elevarse a una conciencia resplandeciente de despertar y empoderamiento, ascendiendo a los ámbitos transformadores de la esperanza y la posibilidad. La experiencia de ser despertada de golpe de un sueño profundo gracias a la obra, y lanzada luego a una creencia tan honda sobre el poder de las mujeres, de la gente, y del mundo gracias a los movimientos que engendró, me alzaron de la categoría de artista a activista política. Las formas más elevadas de arte son aquellas que nos instan a no descubrir solo nuestras realidades, sino a transformarlas más allá de lo que se espera y estamos preparadas para aceptar.

Para mí, para el pueblo filipino, *Monólogos de la vagina* fue el detonante, la raíz —y el elixir— del lenguaje revolucionario y político del cuerpo. Desde el escenario, sigue llevándonos a verdades incisivas que penetran y cristalizan en cada poro de nuestro ser, que nos instan a vivir como nos merecemos y a asumir la verdad de nuestro valor como mujeres. Este es el efecto que causó en mi persona y he visto que ha hecho lo mismo para mis hermanas, no solo aquí sino en todo el mundo. Nos recuerda que debemos dar prioridad a nuestra dignidad y valía, y nos lleva a confiar en la profundidad de quiénes somos y quiénes merecemos ser, no solo en el ámbito personal sino como comunidad. One Billion Rising es el siguiente portal transformador de la obra porque nos impele más que nunca a seguir adelante, ser más valientes, más fuertes y a hablar más alto juntas. Esta alquimia entre arte, cuerpo y revolución nos empuja hacia la encarnación y celebración más profundas del acto más revolucionario de todos: honrar y vivir nuestros cuerpos en plenitud. Y a través de nuestros cuerpos, entregarnos y despertar a la rebelión, resistencia y alteración creativas para que podamos ALZARNOS y seguir ALZÁNDONOS hacia el acto radical del servicio y el amor.

AGRADECIMIENTOS PARA LA EDICIÓN DEL VIGÉSIMO ANIVERSARIO

A Charlotte Sheedy por la profundidad de su sabiduría, bondad y cuidados, y por acompañarme en este viaje desde hace más de cuarenta años.

A Jacqueline Woodson por un prólogo realmente hermoso y generoso.

A Monique Wilson por la profundidad de su compromiso con esta obra y este movimiento, por su apreciada amistad y gran corazón y por un epílogo extraordinario.

A Susan Celia Swan por sus veinte años de dedicación, genialidad y compromiso, y por escribir una historia tan poderosa sobre V-Day para este volumen.

A Purva Panday Cullman por su especial dedicación a esta obra y este movimiento, y por sus maravillosas palabras y análisis aquí.

A Kimberlé Crenshaw y Johann Hari por la genialidad de sus mentes.

A Colleen Carroll y Anju Kasturiraj por la gran labor realizada en esta edición.

A Tony Montenieri sencillamente por hacer que todo sea posible con su corazón de ángel y su enorme talento.

A Emily Hartley por hacer posible esta edición con facilidad, perspicacia y entusiasmo.

ÍNDICE

OTROS TÍTULOS PUBLICADOS

ÍBAMOS A SER REINAS

Nuria Varela

Íbamos a ser reinas propone un recorrido a través de las voces de las mujeres víctimas de la violencia de género en contextos de pareja, para desentrañar por qué la violencia contra las mujeres ha llegado al siglo XXI con la misma fuerza con la que ha recorrido la historia de la humanidad.

Desde su aparición, en 2002, *Íbamos a ser reinas* se ha convertido en el libro esencial para analizar la tortura que viven miles de mujeres en sus propias casas y qué mecanismos sociales, educativos, legales y religiosos actúan como cómplices eficaces para que la sociedad no se decida a poner fin a una violencia que cada año asesina a decenas de mujeres en España y a miles en todo el mundo.

FEMINISMO PARA PRINCIPIANTES

Nuria Varela

¿Quiénes eran las sufragistas? ¿De dónde sale el feminismo radical? ¿Por qué se habla de marxismo y feminismo como un matrimonio mal avenido?

El feminismo tiene una historia épica. Son ya tres siglos de hacer y deshacer el mundo, de alumbrar lideresas fascinantes, desarrollar un cuerpo teórico abrumador y alimentar una agitación social que ningún otro movimiento ha conseguido mantener tanto tiempo.

CANSADAS

NURIA VARELA

«Mucho antes de que la ola de indignación y los olores de la Primavera Árabe recorrieran el mundo, muchas mujeres estábamos cansadas de estar cansadas. La música nos suena. Podríamos interpretarla sin partitura y la letra apenas tiene modificaciones.

Cansadas es una mirada feminista que contempla recuerdos, reflexiones, reportajes, artículos, notas de viaje y conversaciones a lo largo de una década en la que hemos llegado a estar hartas de tanta impunidad y tanta política de la crueldad.

Nos hemos hecho mayores y no nos gusta lo que vemos. Es tiempo de nuestra propia reacción. Hemos sido hormigas. Ya es hora de que nos toque ser cigarras.»

Nuria Varela

ATRÉVETE A HABLAR DE SEXO CON TU HIJO

Nora Rodríguez

Este no es un libro sobre la sexualidad en la infancia. Es un libro para educar la sexualidad desde la infancia temprana, en un mundo en el que la tecnología ha roto las barreras físicas y se sigue creyendo, erróneamente, que todo lo que ocurre en internet no afecta la realidad. Nada más lejos de la verdad. Por ello, en este libro no solo se proporcionan claves y estrategias adaptadas a cada edad de crecimiento, sino sugerencias fundamentadas en las necesidades de cada etapa de crecimiento para que los niños y las niñas experimenten desde pequeños que su cuerpo es suyo y aprendan a respetar su sexualidad.